U0878246

中国技能 再创辉煌

2022 年世界技能大赛特别赛
参赛工作实录

世界技能大赛中国组委会　编撰

中国人力资源和社会保障出版集团
中国劳动社会保障出版社　中国人事出版社

worldskills China

目录

COMPETITION 2022
SPECIAL EDITION

参赛概况

COMPETITION 2022
SPECIAL EDITION

人力资源社会保障部致 2022 年世界技能大赛特别赛中国代表团的贺电

2022 年世界技能大赛特别赛中国代表团：

在刚刚结束的 2022 年世界技能大赛特别赛上，中国代表团全体成员牢记使命，克服新冠肺炎疫情等重重困难，圆满完成参赛任务。参赛选手追求卓越、奋勇拼搏，取得 21 枚金牌、3 枚银牌、4 枚铜牌和 5 个优胜奖的优异成绩，金牌榜和团体总分再次位居世界第一，践行了技能成才技能报国的青春誓言，为祖国和人民赢得了荣誉。在此，谨向你们表示热烈祝贺和诚挚问候！

中国代表团全体成员用实际行动和优异表现，向全世界展示了中国技能青年精益求精的技能水平、昂扬向上的精神面貌、朝气蓬勃的青春风采，必将激励更多劳动者和青年人学技能、长本领，凭技能实现精彩人生。希望你们深入学习贯彻党的二十大精神和习近平总书记关于技能人才工作的重要指示精神，按照党和国家关于加强新时代高技能人才队伍建设的部署要求，认真总结经验，再接再厉，弘扬工匠精神，厚植工匠文化，立足岗位积极奉献，为全面建成社会主义现代化国家、实现第二个百年奋斗目标、全面推进中华民族伟大复兴贡献更大力量！

人力资源社会保障部

2022 年 11 月 28 日

（来源：人力资源社会保障部官网）

2022 年世界技能大赛特别赛项目设置

分类	序号	竞赛项目
运输与物流 Transportation and Logistics	1	飞机维修 (Aircraft Maintenance)
	2	车身修理 (Autobody Repair)
	3	汽车技术 (Automobile Technology)
	4	汽车喷漆 (Car Painting)
	5	重型车辆维修 (Heavy Vehicle Technology)
	6	货运代理（Freight Forwarding）
	7	轨道车辆技术（Rolling Stock Technology）
结构与建筑技术 Construction and Building Technology	1	砌筑 (Bricklaying)
	2	家具制作 (Cabinetmaking)
	3	木工 (Carpentry)
	4	混凝土建筑 (Concrete Construction Work)
	5	油漆与装饰 (Painting and Decorating)
	6	园艺 (Landscape Gardening)
	7	精细木工 (Joinery)
	8	电气装置 (Electrical Installations)
	9	抹灰与隔墙系统 (Plastering and Drywall Systems)
	10	管道与制暖 (Plumbing and Heating)
	11	制冷与空调 (Refrigeration and Air Conditioning)
	12	瓷砖贴面 (Wall and Floor Tiling)
	13	建筑信息建模（Digital Construction)
制造与工程技术 Manufacturing and Engineering Technology	1	数控铣 (CNC Milling)
	2	数控车 (CNC Turning)
	3	建筑金属构造 (Construction Metal Work)
	4	电子技术 (Electronics)
	5	工业控制 (Industrial Control)
	6	工业机械 (Industrial Mechanics)
	7	制造团队挑战赛 (Manufacturing Team Challenge)
	8	CAD 机械设计 (Mechanical Engineering CAD)
	9	机电一体化 (Mechatronics)
	10	移动机器人 (Mobile Robotics)

续表

分类	序号	竞赛项目
制造与工程技术 Manufacturing and Engineering Technology	11	塑料模具工程 (Plastic Die Engineering)
	12	原型制作 (Prototype Modelling)
	13	焊接 (Welding)
	14	水处理技术 (Water Technology)
	15	化学实验室技术 (Chemical Laboratory Technology)
	16	增材制造 (Additive Manufacturing)
	17	工业设计技术（Industrial Design Technology）
	18	工业 4.0(Industry 4.0)
	19	光电技术 (Optoelectronic Technology)
	20	可再生能源 (Renewable Energy)
	21	机器人系统集成 (Robot Systems Integration)
社会与个人服务 Social and Personal Services	1	烘焙 (Bakery)
	2	美容 (Beauty Therapy)
	3	糖艺 / 西点制作 (Patisserie and Confectionery)
	4	烹饪（西餐）(Cooking)
	5	美发 (Hairdressing)
	6	健康和社会照护 (Health and Social Care)
	7	餐厅服务 (Restaurant Service)
	8	酒店接待 (Hotel Reception)
创意艺术与时尚 Creative Arts and Fashion	1	时装技术 (Fashion Technology)
	2	花艺 (Floristry)
	3	平面设计技术 (Graphic Design Technology)
	4	珠宝加工 (Jewellery)
	5	商品展示技术 (Visual Merchandising)
	6	3D 数字游戏艺术 (3D Digital Game Art)
信息与通信技术 Information and Communication Technology	1	信息网络布线 (Information Network Cabling)
	2	网络系统管理 (IT Network Systems Administration)
	3	商务软件解决方案 (IT Software Solutions for Business)
	4	印刷媒体技术 (Print Media Technology)
	5	网站设计与开发 (Web Technologies)
	6	云计算 (Cloud Computing)
	7	网络安全 (Cyber Security)
	8	移动应用开发(Mobile Applications Development)

上海世界技能大赛今年不再举办

世界技能组织 2022 年 5 月 31 日决定，原定于 2022 年 10 月在中国上海举办的世界技能大赛不再举办，并考虑由中国上海承办 2026 年世界技能大赛。

世界技能组织表示，这是考虑新冠肺炎疫情影响，经世界技能组织与各成员及世界技能大赛中国组委会、上海第 46 届世界技能大赛事务执行局反复研究，并经世界技能组织成员会议讨论后做出的决定。

世界技能组织对中方为筹备世界技能大赛所做的卓有成效的工作表示认可，相信中方未来将会举办一届精彩卓越的世界技能大赛。

（来源：人力资源社会保障部官网）

世界技能组织：将举办 2022 年世界技能大赛特别赛

2022 年 6 月 30 日，世界技能组织官网发布消息称，2022 年，世界技能大赛各竞赛项目的比赛将在世界技能组织多个成员国家和地区举行，统称为“2022 年世界技能大赛特别赛”。

消息称，5 月 31 日，世界技能组织与各成员及世界技能大赛中国组委会、上海第 46 届世界技能大赛事务执行局达成一致意见，宣布因新冠肺炎疫情影响，今年不再举办 2022 年上海世界技能大赛。

做出这一决定后，世界技能组织与各成员及全球合作伙伴，立即着手为正在备赛的选手策划替代方案。拥有专业知识和充足资源的世界技能全球网络将共同在多个国家和地区正式举办各竞赛项目的比赛。这些比赛将统称为 2022 年世界技能大赛特别赛。这将是 2022 年上海世界技能大赛的正式替代方案。

目前，世界技能组织正与其合作伙伴及 15 个成员国家和地区合作，组织各个竞赛项目的比赛，7 月将公布每个项目确切的举办日期和地点，预计将有来自 57 个国家和地区的 1 100 多名选手参赛。

（来源：中国劳动保障报）

关于成立 2022 年世界技能大赛特别赛中国代表团的通知

（人社部函［2022］124 号）

各省、自治区、直辖市及新疆生产建设兵团人力资源社会保障厅（局），国务院有关部门、有关行业组织、相关企业人事劳动保障工作机构：

世界技能组织决定，2022 年 9 月中旬至 11 月下旬将在欧洲、亚洲和美洲等地区分散举办 2022 年世界技能大赛特别赛，作为世界技能大赛正式比赛。经人力资源社会保障部批准，选派我国第46届世界技能大赛34个项目备赛选手、专家和翻译等共146人，组建中国代表团，分赴德国、瑞士、芬兰、法国、奥地利、日本、韩国等 7 国参赛。希望中国代表团在 2022 年世界技能大赛特别赛中，全力以赴，勇于拼搏，争创佳绩，为祖国和人民争光。

附件：2022 年世界技能大赛特别赛中国代表团人员名单

世界技能大赛中国组委会

（人力资源社会保障部代章）

2022 年 9 月 21 日

（来源：人力资源社会保障部官网）

2022年世界技能大赛特别赛中国代表团人员名单

团　长：	刘　康	人力资源社会保障部职业能力建设司司长
副团长：	吴礼舵	中国就业培训技术指导中心主任
	吕玉林	人力资源社会保障部国际合作司副司长、国际交流中心主任、世界技能组织中国行政代表
	袁　芳	中国就业培训技术指导中心副主任、一级巡视员、世界技能组织中国技术代表
	刘新昌	人力资源社会保障部职业能力建设司副司长
	李征宇	人力资源社会保障部国际交流服务中心副主任
	王　瑢	人力资源社会保障部人力资源流动管理司人才处处长、二级巡视员

选　手：

家具制作项目	李德鑫	江西环境工程职业学院教师
精细木工项目	邵茹鹏	上海市城市科技学校教师
木工项目	王纵横	黑龙江林业职业技术学院教师
印刷媒体技术项目	顾俊杰	上海出版印刷高等专科学校教师
平面设计技术项目	欧阳婉青	深圳技师学院教师
电子技术项目	刘泽龙	广东省技师学院教师
CAD 机械设计项目	郑旭升	广州市工贸技师学院教师
抹灰与隔墙系统项目	马宏达	浙江建设技师学院学生
移动机器人项目	侯坤鹏	漯河技师学院学生
	唐高远	漯河技师学院学生
健康和社会照护项目	吴怡欣	上海健康医学院教师

数字建造项目	贾国波	西安建筑工程技师学院教师
货运代理项目	朱　珂	上海第二工业大学学生
化学实验室技术项目	姜雨荷	河南化工技师学院学生
混凝土建筑项目	张阳光	郑州商业技师学院教师
	刘锦豪	郑州商业技师学院教师
重型车辆维修项目	蒋昕桦	宁波技师学院学生
电气装置项目	余守安	江苏省盐城技师学院学生
砌筑项目	伍远州	中建五局高级技工学校（长沙建筑工程学校）教师
工业控制项目	姜　昊	铁岭技师学院（辽宁工程职业学院）教师
花艺项目	杨灵芝	上海农林职业技术学院职工
美发项目	沈文青	杭州轻工技师学院高级技师
美容项目	王　珮	重庆城市管理职业学院职工
时装技术项目	董　青	湖南工艺美术职业学院教师
数控铣项目	周楚杰	广东省机械技师学院学生
数控车项目	吴鸿宇	广东省机械技师学院学生
增材制造项目	林伟桐	广东省机械技师学院学生
移动应用开发项目	杨书明	广州市工贸技师学院教师
商务软件解决方案项目	王旭政	邢台技师学院教师
网站设计与开发项目	梁　俊	上海第二工业大学学生
网络系统管理项目	黄金强	广州市工贸技师学院教师
3D 数字游戏艺术项目	罗　凯	深圳技师学院教师
云计算项目	陈新源	深圳技师学院教师
光电技术项目	李小松	重庆电子工程职业学院学生
信息网络布线项目	张洪豪	天津市电子信息技师学院教师
可再生能源项目	陈智勇	广东省技师学院学生

技术指导专家组组长：

家具制作项目	刘晓红	原顺德职业技术学院教授
精细木工项目	余继宏	东华大学服装与艺术设计学院产品设计系主任
木工项目	张志刚	黑龙江林业职业技术学院家居工程系主任
印刷媒体技术项目	李不言	上海出版印刷高等专科学校印刷实训中心副主任
平面设计技术项目	徐伟雄	深圳技师学院设计学院院长
电子技术项目	黄　鑫	广东易工厂科技有限公司总工程师
CAD 机械设计项目	杨伟群	北京航空航天大学副教授
抹灰与隔墙系统项目	张守生	烟台城乡建设学校高级技师
移动机器人项目	郑　桐	天津职业技术师范大学系主任
健康和社会照护项目	周　嫣	质思安认证（北京）有限公司独立评审、主任护师
数字建造项目	何国青	浙江大学副教授
货运代理项目	吕秀文	上海港教育培训中心副主任
化学实验室技术项目	季剑波	徐州工业职业技术学院副处级干部
混凝土建筑项目	刘建忠	江苏苏博特新材料股份有限公司副总工程师、研究员级高级工程师
重型车辆维修项目	刘庆华	宁波技师学院教师
电气装置项目	王大江	ABB（中国）有限公司高级工程师
砌筑项目	雷定鸣	中建五局高级技工学校（长沙建筑工程学校）教师
工业控制项目	闫虎民	天津职业技术师范大学教研室主任
花艺项目	朱迎迎	上海市建设工程安全质量监督总站党委书记、正高级工程师
美发项目	吉正龙	杭州市拱墅区英美职业培训学校校长、特级技师

美容项目	王　芃	重庆市蒙妮坦时尚职业培训学校校长
时装技术项目	李　宁	中央美术学院副教授
数控铣项目	杨登辉	广东省机械技师学院教师
数控车项目	宋放之	原北京航空航天大学高级工程师
增材制造项目	陈　娟	安徽马鞍山技师学院教务处处长
移动应用开发项目	蔡立勋	天翼数字生活科技有限公司产品设计部经理
商务软件解决方案项目	韩素华	邢台技师学院教授
网站设计与开发项目	张　凌	上海随训通电子科技有限公司技术总监
网络系统管理项目	田　钧	广州科技贸易职业学院现代教育技术中心（实验实训中心）主任
3D 数字游戏艺术项目	叶维中	上海摩意网络科技有限公司技术总监
云计算项目	刘　翔	上海工程技术大学计算机系主任
光电技术项目	周渝曦	重庆电子工程职业学院教师
信息网络布线项目	卢　勤	天津市电子信息技师学院教授
可再生能源项目	朱卫军	扬州大学教授

翻　译：

家具制作项目	王西银	山东劳动职业技术学院（山东劳动技师学院）国际交流合作处副处长
精细木工项目	罗占华	中建五局高级技工学校（长沙建筑工程学校）教师
木工项目	马　丽	湖北东风汽车公司技师学院基础课部副主任
印刷媒体技术项目	岳颖琳	航空工业昌河飞机工业（集团）有限责任公司高级工程师
平面设计技术项目	高敬宙	邢台技师学院教师
电子技术项目	彭　兴	重庆五一高级技工学校（重庆五一技师学院）教师

CAD 机械设计项目	曾　幸	江苏省盐城技师学院教师
抹灰与隔墙系统项目	麦浩妍	广州市技师学院教务处副主任
移动机器人项目	毕永利	广东省技师学院教师
健康和社会照护项目	曾文绮	深圳技师学院教师
数字建造项目	韩　燕	海南省技师学院教师
货运代理项目	杨俊鹏	江苏省常州技师学院基础部教师
化学实验室技术项目	赵亚男	江苏城乡建设职业学院教师
混凝土建筑项目	郑思涵	河南化工技师学院教师
重型车辆维修项目	王一青	上海出版印刷高等专科学校教师
电气装置项目	王立昀	上海港教育培训中心一级培训师
砌筑项目	李　珺	荆门技师学院教师
工业控制项目	曾人杰	广东省城市技师学院教师
花艺项目	任培怡	河北省唐山市技师学院教师
美发项目	孟　夏	深圳技师学院教师
美容项目	夏洁妮	杭州技师学院教师
时装技术项目	刘嫣然	山东劳动技师学院讲师
数控铣项目	龙劲诚	广西机电技师学院教师
数控车项目	李晓洁	藤仓（中国）有限公司总监助理
增材制造项目	田　坤	铁岭技师学院（辽宁工程职业学院）教师
移动应用开发项目	李素芳	中建五局高级技工学校（长沙建筑工程学校）教师
商务软件解决方案项目	余泓达	贵州交通技师学院教师
网站设计与开发项目	段宜宏	云南技师学院（云南工贸职业技术学院）教师
网络系统管理项目	林　璐	河南医药健康技师学院图书馆副馆长
3D 数字游戏艺术项目	周宣含	广东邮电职业技术学院教师
云计算项目	屈丹丹	成都市机械高级技工学校教师
光电技术项目	张彩华	广东省机械技师学院教师

信息网络布线项目　　曾慧姮　广州市工贸技师学院教师

可再生能源项目　　廖　影　广州市轻工技师学院教师

项目经理：

移动应用开发项目　　方俊彬　暨南大学珠海校区管委会副主任

光电技术项目、　　马艳红　深圳信息职业技术学院教师

公共卫生和医疗专家：

牛　艳　中国疾病预防控制中心卫生应急中心副研究员

沈　瑾　中国疾病预防控制中心环境与健康相关产品安全所研究员

王凌航　北京地坛医院感染中心副主任、主任医师

上海第46届世界技能大赛事务执行局：

张　岚　上海市人力资源和社会保障局副局长

修　燕　上海市社会保险事业管理中心副主任、二级巡视员

俞蔚光　上海市人力资源和社会保障局组织人事处处长、一级调研员

祝颖华　上海市人力资源和社会保障局专业技术人员管理处（事业单位人事管理处）处长

颜　兵　上海市人力资源和社会保障局二级调研员

邱德昕　上海市人力资源和社会保障局执法总队办公室主任

杜　娟　上海市人力资源和社会保障局国际处副处长

何建军　上海市就业促进中心党委副书记、纪委书记

王　波　上海市人力资源和社会保障局职业能力建设处副处长

王铮宇　上海市人力资源和社会保障局工伤福利保险处副处长

赵晓云　上海市就业促进中心副主任

李　晔　上海市职业技能鉴定中心副主任

工作人员：

翟　涛　人力资源社会保障部职业能力建设司技能竞赛管理处处长

张　雷　人力资源社会保障部职业能力建设司技能竞赛管理处二级调研员

初英智　人力资源社会保障部宣传中心舆情处处长

韩　萌　人力资源社会保障部社会保险事业管理中心国际合作处三级主任科员

蔡　兵　中国就业培训技术指导中心竞赛处处长、二级巡视员

李　克　中国就业培训技术指导中心远程培训处副处长、二级调研员

曾燕琳　中国就业培训技术指导中心竞赛处副处长、二级调研员

程诗雨　中国就业培训技术指导中心培训处干部

杨佳宁　中国劳动和社会保障科学研究院国际合作处八级职员

李倩南　人力资源社会保障部事业单位人事服务中心继续教育和国际合作处六级职员

李　敏　人力资源社会保障部国际交流服务中心技能竞赛服务保障处处长

邹　源　人力资源社会保障部国际交流服务中心出国（境）事务处专技八级

李亚琪　人力资源社会保障部国际交流服务中心技能竞赛服务保障处八级职员

马文思　人力资源社会保障部国际交流服务中心“一带一路”国际合作处八级职员

朱　丹　人力资源社会保障出版集团读者服务部处长

朱爱华　第 46 届世界技能大赛工作领导小组办公室干部

林　斌　第 46 届世界技能大赛工作领导小组办公室干部

张育恒　第 46 届世界技能大赛工作领导小组办公室干部

中国上海获得 2026 年世界技能大赛主办权

新华社北京 9 月 27 日电　人力资源社会保障部 27 日宣布，经世界技能组织召开全体成员大会投票表决，中国上海获得 2026 年世界技能大赛主办权。

会上，我国代表作了陈述发言。世界技能组织各与会成员对中国推动世界技能运动发展、积极承办 2026 年世界技能大赛表示认同和支持。

世界技能大赛被誉为“世界技能奥林匹克”，其竞技水平代表了当今职业技能发展的世界先进水平。迄今为止，世界技能组织已成功举办 45 届世界技能大赛。

今年，世界技能组织将在 15 个国家分散举办 2022 年世界技能大赛特别赛，作为第 46 届世界技能大赛替代活动。法国里昂于 2019 年获得 2024 年世界技能大赛主办权。这项赛事每两年举办一届。

（来源：人力资源社会保障部官网）

集训备战

COMPETITION 2022
SPECIAL EDITION

关于公布第 46 届世界技能大赛中国集训队名单的通知

（人社职司便函〔2021〕21 号）

各省、自治区、直辖市及新疆生产建设兵团人力资源社会保障厅（局），国务院有关部门、有关行业组织人事劳动保障工作机构：

根据《人力资源社会保障部关于举办中华人民共和国第一届职业技能大赛的通知》（人社部函〔2020〕57 号）精神，2020 年 12 月，我部成功举办中华人民共和国第一届职业技能大赛，并顺利完成了第 46 届世界技能大赛 63 个竞赛项目集训选手的选拔工作。

根据中华人民共和国第一届职业技能大赛世赛选拔项目选手比赛成绩，确定熊岑辉等 642 人入围第 46 届世界技能大赛中国集训队。同时，根据第 45 届世界技能大赛集训最终排名和世界技能组织对第 46 届世界技能大赛参赛选手年龄的要求，确定罗凯等 80 人直接入围第 46 届世界技能大赛中国集训队。请各地、各行业部门（集团公司）和有关单位支持其参加集训工作。

第 46 届世界技能大赛中国组委会秘书处

（人力资源社会保障部职业能力建设司代章）

2021 年 3 月 29 日

人力资源社会保障部关于确定第 46 届世界技能大赛中国技术指导专家组组长名单的通知

（人社部函［2021］88 号）

各省、自治区、直辖市及新疆生产建设兵团人力资源社会保障厅（局），国务院有关部门、有关行业组织、相关企业人事劳动保障工作机构：

为积极备战第 46 届世界技能大赛，根据《世界技能大赛参赛管理暂行办法》，经第 46 届世界技能大赛中国组委会研究，确定龙建军等 63 名同志为第 46 届世界技能大赛中国技术指导专家组组长。

希望各项目专家组组长认真履行职责，切实做好第 46 届世界技能大赛我国选手集训和参赛技术指导工作，确保我国选手在第 46 届世界技能大赛中展示高超技能，取得优异成绩，为祖国争光。请各项目专家组组长所在单位高度重视、全力支持，根据实际合理安排其工作，保证其参与世界技能大赛工作时间，确保集训和参赛工作顺利和高质量完成。

附件：第 46 届世界技能大赛中国技术指导专家组组长名单

人力资源社会保障部

2021 年 7 月 1 日

（来源：人力资源社会保障部官网）

第 46 届世界技能大赛
中国技术指导专家组组长名单

飞机维修项目	龙建军	中国航空工业集团江西洪都航空工业集团有限责任公司高级技师
车身修理项目	叶建华	上海交运汽车修理职业技能培训中心高级技师
汽车技术项目	郭七一	重庆长安汽车股份有限公司长安汽车大学教授
汽车喷漆项目	张小鹏	庞贝捷漆油贸易（上海）有限公司培训及售后服务总监、高级技师
重型车辆维修项目	刘庆华	宁波技师学院正高级讲师、高级技师
货运代理项目	吕秀文	上港集团物流有限公司国际货运分公司总经理
轨道车辆技术项目	罗昭强	中车集团长春轨道客车股份有限公司首席技能专家
砌筑项目	雷定鸣	长沙建筑工程学校高级工程师
家具制作项目	刘晓红	顺德职业技术学院教授
木工项目	张志刚	黑龙江林业职业技术学院家居工程学院院长、教授
混凝土建筑项目	刘建忠	江苏苏博特新材料股份有限公司副总工程师、研究员级高级工程师
电气装置项目	王大江	ABB（中国）有限公司高级工程师
精细木工项目	余继宏	东华大学服装与艺术设计学院副教授
园艺项目	赵昌恒	黄山学院副教授
油漆与装饰项目	刘元元	黄山学院讲师

抹灰与隔墙系统项目	张守生	烟台城乡建设学校高级技师
管道与制暖项目	李本勇	中国建筑第八工程局有限公司教授级高级工程师
制冷与空调项目	李　川	广州市工贸技师学院高级技师、一级实习指导教师
瓷砖贴面项目	王华飞	浙江建设技师学院教师
数字建造项目	何国青	浙江大学副教授
数控铣项目	鲁宏勋	中国航空工业集团中国空空导弹研究院高级技师
数控车项目	宋放之	北京航空航天大学高级工程师
建筑金属构造项目	马德志	中冶建筑研究总院有限公司教授级高级工程师
电子技术项目	黄　鑫	广东易工厂科技有限公司高级技师
工业控制项目	闫虎民	天津职业技术师范大学教研室主任、高级实验师
工业机械项目	宋军民	江苏省常州技师学院正高级讲师
制造团队挑战赛项目	周春雷	中国航空工业集团中国空空导弹研究院高级工程师
CAD 机械设计项目	杨伟群	北京航空航天大学工程训练中心副教授
机电一体化项目	李全利	天津职业技术师范大学教授
移动机器人项目	郑　桐	天津职业技术师范大学系主任
塑料模具工程项目	李克天	广东工业大学教授
原型制作项目	熊志勇	华南理工大学副教授
焊接项目	刘景凤	中国工程建设焊接协会常务副会长、教授级高级工程师
水处理技术项目	王　湛	北京工业大学环能学院博士生导师
化学实验室技术项目	季剑波	徐州工业职业技术学院教授、高级工程师
增材制造项目	陈　娟	安徽马鞍山技师学院机械工程系主任
工业设计技术项目	王方良	深圳大学教授
工业 4.0 项目	陈　明	同济大学实验室主任
光电技术项目	周渝曦	重庆电子工程职业学院高级工程师

可再生能源项目	朱卫军	扬州大学教授
机器人系统集成项目	李瑞峰	哈尔滨工业大学机器人研究所副所长
信息网络布线项目	卢　勤	天津市电子信息技师学院教师
网络系统管理项目	田　钧	佛山职业技术学院电子信息学院副院长、教授
商务软件解决方案项目	韩素华	邢台技师学院教授
印刷媒体技术项目	李不言	上海出版印刷高等专科学校实训中心副主任、高级工程师
网站设计与开发项目	张　凌	上海阅文信息技术有限公司技术总监
云计算项目	刘　翔	上海工程技术大学副教授
网络安全项目	鲁先志	重庆电子工程职业学院副教授
移动应用开发项目	蔡立勋	世纪龙信息网络有限责任公司部门经理
时装技术项目	李　宁	中央美术学院副教授
花艺项目	朱迎迎	上海市建设工程安全质量监督总站高级工程师
平面设计技术项目	徐伟雄	深圳技师学院设计学院院长、教授
珠宝加工项目	邹宁馨	北京服装学院教授
商品展示技术项目	雷　鸣	广州美术学院副教授
3D 数字游戏艺术项目	叶维中	上海摩意网络科技有限公司技术总监
烘焙项目	王吉松	王森国际咖啡西点西餐学院高级技师
美容项目	王　芃	重庆市蒙妮坦时尚职业培训学校校长、高级技师
糖艺 / 西点制作项目	黎国雄	广州市启焙食品有限公司总经理
烹饪（西餐）项目	陈　刚	上海索迪斯管理有限公司餐饮服务平台总监
美发项目	吉正龙	杭州市拱墅区英美职业培训学校校长、高级技师
健康和社会照护项目	周　嫣	质思安认证（北京）有限公司独立评审员
餐厅服务项目	王　欢	上海红塔豪华精选酒店总经理
酒店接待项目	叶丹茗	叶脉文旅教育（深圳）有限公司董事长

人力资源社会保障部办公厅关于印发《第46届世界技能大赛参赛集训工作指导意见》的通知

（人社厅函〔2021〕66号）

各省、自治区、直辖市及新疆生产建设兵团人力资源社会保障厅（局），国务院有关部门、有关行业组织、相关企业人事劳动保障工作机构：

为做好第46届世界技能大赛参赛集训工作，我部研究制定了《第46届世界技能大赛参赛集训工作指导意见》，现印发给你们，请遵照执行。如在集训工作中遇到问题，请及时与我部职业能力建设司、中国就业培训技术指导中心和国际交流服务中心联系。

联系人及联系方式（略）

人力资源社会保障部办公厅

2021年4月26日

（来源：人力资源社会保障部官网）

第46届世界技能大赛参赛集训工作指导意见

为全力备战2022年10月在上海举办的第46届世界技能大赛（以下简称世赛），现就做好参赛集训工作，提出以下指导意见。

第一部分　总体要求

一、集训工作目标任务。按照第46届世赛相关竞赛规则和技术文件要求，科学组织选手集训，有针对性地培养并提高选手参赛水平，选拔各项目1名（队）最优秀选手参加第46届世赛，争取取得优异成绩。通过集训工作实践，积累工作经验，完善集训方法，提高竞赛组织管理水平，培养锻炼竞赛专业人才队伍，促进竞赛成果向职业教育培训转化，带动技能人才队伍建设全面发展。

二、集训工作组织领导。第46届世赛中国组委会（以下简称中国组委会，设在人力资源社会保障部）负责集训工作的统一领导。第46届世赛牵头中国集训基地（以下简称牵头集训基地）所在省（自治区、直辖市，以下简称地区）人力资源社会保障厅（局）或所属国务院有关部门（行业组织、集团公司，以下简称行业）人事劳动保障工作机构（以下统称牵头集训主管部门），负责相应项目集训工作的综合管理和统筹协调，其他集训基地所在地区人力资源社会保障厅（局）或所属国务院有关部门（行业组织、集团公司，以下简称行业）人事劳动保障工作机构（以下统称其他集训主管部门）配合做好相应项目本地区、本行业的集训组织管理工作。牵头集训基地承担集训主要组织实施工作任务，其他集训基地配合牵头集训基地承担相应集训工作任务。第46届世赛各项目中国技术指导专家组（以下简称专家组）

在牵头集训主管部门统筹协调下，负责编制集训工作方案并落实相关技术工作。

三、集训工作基本原则

（一）坚持公平公正。参与集训工作的单位和人员，应牢固树立国家利益高于一切的意识，公平、公正开展选手集训工作。在训练中，应将可利用的人力、物力资源公平且充分用于每位选手；在阶段性考核中，应严格按照程序，执行考核纪律，确保考核工作公开、公平、公正。

（二）坚持世赛标准。以历届世赛相关竞赛规则和技术文件，特别是第 46 届世赛各项目技术描述、竞赛试题、评判标准和竞赛规则等（以下简称世赛技术要求）为依据，制定集训工作方案，高标准、严要求组织开展集训工作。

（三）坚持科学训练。根据世赛技术要求，充分考虑第 46 届世赛时间调整带来的变化，合理安排集训时间、内容、形式，把握集训节奏。采取技术技能训练与综合素质训练相结合、线上与线下相结合、集中与分散相结合、定点与走训相结合等方式开展训练工作。

（四）坚持协作配合。在中国组委会统一领导下，各集训主管部门、集训基地、专家组、选手、选手所在单位及其选派地区（行业）等，应发挥各自优势，分工协作，落实责任，相互配合，形成合力，确保集训工作顺畅、高效运转。

（五）坚持交流合作。集训项目、集训基地之间应加强交流合作，以先进经验带动集训工作整体水平提升。要注意向其他地区、机构和人员宣传推广竞赛先进理念，带动各地竞赛和技能人才工作发展。要结合客观实际，通过线上、线下，请进来、走出去等多种方式有序开展对外交流，掌握世界技术技能发展动态，学习国际先进经验，相互借鉴、相互促进，推动世界技能运动发展。

（六）坚持疫情防控。参与集训各方要高度重视疫情防控工作，按国家及当地疫情防控要求，做好疫情防控工作。各负其责，确保集训工作安全顺利进行。

四、集训时间安排。2021 年 5 月上旬，中国组委会将启动集训工作；2021 年 8 月初至 11 月底，各项目根据自身情况完成选手首次阶段性考核；中国组委会将于 2022 年 4 月底前，组织集中阶段性考核确定参赛选手。2022 年 9 月底前完成全部集训工作，做好参赛各项准备。

第二部分　集训工作组织

五、中国组委会。负责集训工作的统一领导，对训练、选拔考核工作进行监督管理。下设秘书处、技术支持组、服务保障组等机构。其中，秘书处设在人力资源社会保障部职业能力建设司，负责集训工作的统筹管理和组织协调。技术支持组设在中国就业培训技术指导中心，负责集训工作的技术指导。服务保障组设在人力资源社会保障部国际交流中心，负责外国专家对华技术交流和翻译组织管理及业务指导工作。

六、集训主管部门。牵头集训主管部门按照中国组委会统一要求，负责牵头项目集训工作的综合管理和统筹协调，召集其他集训主管部门对集训工作分工和集训中的重大问题进行会商，审核牵头项目集训工作方案，确保牵头项目集训工作公平、公正和顺利实施。对牵头集训项目进行全面总结。其他集训主管部门按照职责分工，配合做好相应项目在本地区（行业）集训工作的组织管理。各集训主管部门均应承担对本地区（行业）所辖集训基地集训工作的组织管理和监督检查，提供所需的人力、物力、财力等支持，解决集训工作中出现的问题，并为集训基地正常运转创造良好外部环境和条件，制定集训期间疫情防控的工作措施并监督落实。

牵头集训主管部门应安排专人作为联络员，承担与中国组委会、所辖各集训主管部门（或基地）、专家组长的沟通和联络工作。联络员应相对稳定，以利于保持工作连续性。

七、集训基地。牵头集训基地在其集训主管部门领导下，参与集训工作方案制定、集训专家组组建，承担集训主要工作任务，沟通、协调其他集训基地落实集训工作安排；对集训工作进行日常管理。其他集训基地按集训工作方案安排，承担相应工作任务。

集训基地均应按职责为开展集训工作提供必需的保障和支持，包括训练设备、技术保障，以及集训各项安全、后勤保障并配备专人负责落实；及时向集训主管部门汇报集训工作情况；按照第 46 届世赛技术要求，加强集训基地建设。具体组织落实集训期间相关疫情防控的措施要求。

八、专家组。负责集训相关技术工作。

（一）基本构成。专家组由 1 名专家组长、若干名技术指导专家、1 名翻译和 1 个教练组构成（统称为专家组成员）。专家组不超过 11 人。专家组成员应保证技术、技能领域覆盖全面，具备训练各项技术、技能要求所必需的能力，并须根据实际工作安排，明确每位成员的职责分工。

（二）人员产生。专家组长由中国组委会依据《世界技能大赛参赛管理暂行办法》规定的条件和相关遴选方案确定。

除翻译外的专家组其他成员由专家组长商牵头集训主管部门，按照《世界技能大赛参赛管理暂行办法》规定的条件，提出初步人选。被提名人填写《第 46 届世界技能大赛技术指导专家候选人推荐表》（见附件 1），并经所在地区（行业）人力资源社会保障部门（人事劳动保障工作机构）同意，由牵头集训主管部门在集训启动会后 30 日内报中国组委会批准。

各集训基地应安排人员参加集训期间的教练工作，是否进入专家组由专家组长视本人情况及实际需要，商牵头集训主管部门确定。

翻译人选由专家组长、牵头集训基地共同推荐，经本人所在地区（行业）主管部门及所在单位同意，由中国组委会考核选拔确定。

（三）工作职责。专家组按照中国组委会要求，在牵头集训主管部门的日常组织管理下，实施集训技术工作。

1. 专家组长。负责专家组成员提名；及时了解并掌握世赛技术要求，把握本项目集训技术方向，及时将所获得的技术信息分享给专家组成员和参与集训各方；研究世赛技术要求，提出本项目集训工作基本技术思路；在牵头集训主管部门统筹协调下，组织编制集训工作方案、考核技术文件及试题，与集训基地沟通协调，落实集训工作方案的技术保障相关安排；组织安排技术技能训练具体工作；组织专家组，会同集训基地研究并解决集训技术工作方面的问题，向牵头集训主管部门和中国组委会汇报工作进展情况，反映存在问题；总结集训工作中的好经验并加以固化；做好专家组管理工作；组织专家组配合做好集训期间的疫情防控工作。

2. 技术指导专家。按照专家组长要求，参与制定集训工作方案；根据集训工作方案和专家组长按模块或工作流程等分工安排，协助专家组长做好集训技术指导工作，参与考核技术文件和相应试题的制定；发现集训工作中出现的问题，并及时向专家组长报告。

3. 翻译。负责协助专家组长进行集训的日常对外交流工作，关注世赛技术论坛信息并及时传达和回复；搜集、整理、完善项目资料集（包括专业术语、项目基本业务知识、竞赛试题、设施设备需求、竞赛规则和要求、技术标准、评分标准、安全卫生要求、本项目的新动向和变化）并及时提供给项目专家组；翻译与世赛相关的各种外文资料；做好项目对外交流时的翻译和联络工作；世界技能组织抽签改变翻译所负责的项目后，参赛注册翻译应及时与原翻译做好工作对接，学习掌握新负责项目相关要求，与新负责项目专家组、集训基地加强沟通和磨合；大赛前及大赛期间，做好赛题、场地设施设备清单等资料翻译工作，做好比赛期间的翻译、交流，协助做好本项目比赛期间交通和日程安排及赛前准备工作，协助专家组长参与世界技能组织相关技术会议及活动；总结工作经验并向中国组委会报告。

4. 教练组。设教练组长 1 名、教练若干名。教练组长按照集训工作方案和专家组长要求具体组织选手训练；集训期间应始终跟踪掌握选手技术技能、综合素质等各方面发展变化情况；及时向专家组长反映训练中的技术问题，对集训工作方案提出调整意见建议；总结训练工作中好的经验做法，加以固化、提炼；协助集训基地做好选手各项安全保障工作。教练应根据集训工作方案和教练组长安排对选手进行训练；及时向教练组长反映训练中的技术和安全保障方面的问题，并提出解决意见建议。

九、选手选派地区（行业）。集训期间，选手选派地区（行业）人力资源社会保障部门（人事劳动保障工作机构），作为集训选手主管部门，应明确 1 名负责竞赛工作的人员作为领队，了解集训动态，按程序反映相关问题，组织本地区（行业）选手参与集训。选手选派地区（行业）也可按本《指导意见》及集训工作方案要求，经与专家组、牵头集训基地协商一致，派遣专家参与集训相关工作。

集训期间，选手因各种原因放弃集训资格的，须由选派地区（行业）人力资源社会保障部门（人事劳动保障工作机构）向中国组委会秘书处出具书面报告，空缺名额不再递补。

中国组委会将组织牵头集训主管部门负责同志、各项目专家组长及牵头集训基地负责人签署《集训承诺书》（见附件 2）。牵头集训主管部门负责组织集训基地、专家组成员、选手及其选派单位相关人员、领队等签署《集训承诺书》。

第三部分　集训训练工作

十、集训工作方案。集训训练工作分日常训练和强化训练两个阶段。日常训练指自集训工作启动，到确定参赛选手的阶段性考核之前的训练；强化训练指确定参赛选手的阶段性考核之后，到参赛之前的训练。集训工作方案包括集训框架方案、日常训练方案、强化训练方案和首次阶段性考核工作方案。

集训基地和专家组长名单公布后，专家组长应及时了解集训基地实际情况，本着优势互补原则，制定集训框架方案（方案模板见附件 3），明确各方所承担任务，经与各集训基地沟通，在集训工作启动会召开后 30 日内，由牵头集训主管部门组织审核后上报中国组委会秘书处审定。

日常训练方案及强化训练方案均应不晚于训练工作启动前 30 日，由牵头集训主管部门组织审定公布。

牵头集训主管部门会同其他集训主管部门成立首次阶段性考核领导小组（以下简称考核领导小组）。首次阶段性考核工作方案报考核领导小组审定，不晚于首次阶段性考核前 30 日公布。同时，由考核领导小组报中国组委会秘书处备案并抄报中国组委会技术支持组。最终确定参赛选手的集中阶段性考核，由中国组委会统一组织，具体方案另行公布。

十一、训练工作内容。应结合集训项目、选手的特点及训练形式等合理安排，充分体现科学训练的基本原则。

各项目应按照世赛技术要求和本项目训练工作方案要求，结合实际安排训练内容。其中，日常训练和强化训练阶段的训练重点应包括以下几方面：

（一）技术技能训练

按照世赛本项目技术文件等要求，结合本项目技术技能基本要求，对选手进行全面的技能训练和相应的专业理论知识辅导，促使其达到各阶段技能训练目标。各项目要针对本届世赛集训时间延长的特殊情况，组织选手强化基础技能和基本功训练。在疫情防控和其他条件允许的情况下应增加赴企业训练的机会。

强化训练阶段，要充分吸收世界技能组织公布的最新技术要求内容，对选手进行针对性训练。专家组要会同集训基地创造条件，使选手尽早熟悉比赛设施设备性能。

（二）综合素质训练

1. 加强思想政治教育。各项目应将爱国主义、集体主义、劳模精神、劳动精神、工匠精神教育融入集训工作方案，采取切实措施，提高选手思想素质和道德水平。

2. 强化规则意识。各项目应进行竞赛规则、规范培训，将竞赛规则、操作规范、安全健康等融入训练和阶段性考核，使其成为选手工作习惯和必须遵守的要求。

3. 加强心理训练。各项目应加强选手心理培训，提供心理咨询、测评和疏导。中国组委会也可安排心理训练支持团队提供服务。

4. 加强应变能力训练。各项目在训练过程中，应结合世赛技术要求，对选手进行各类突发事件应变能力训练，包括设备、设施、环境改变，工具、材料及试题等临时变化，以及安全等其他方面突发情况应变能力的训练。同时，注意加强选手抗压能力及技能水平稳定性的训练（应变能力训练表见附件 4）。

5. 加强选手自我管理能力训练。专家组应注意发挥选手的主观能动性，倾听并吸收选手意见，共同确定训练目标，研究解决训练中的问题。鼓励选手主动思考，按照集训工作方案，参与制定部分具体训练计划，合理规划时间，检查、管理训练工具和设备，提升选手自我管理能力。

6. 加强体能训练。专家组根据项目特点和选手自身情况，科学合理制定体能训练计划，提高选手体能，满足参赛要求。

7. 开展交流能力和英语训练。在训练过程中，专家组要注意对选手进行必要的外事礼仪及英语训练，使选手掌握对外交流的基本常识和方法。

8. 加强适应性训练与团队磨合。在强化训练阶段，要充分了解比赛地的环境特点，并在赛前组织适应性训练。专家组长、翻译和选手要加强团队磨合训练，强化团队意识，增进了解，提高团队参赛协同配合能力。

十二、训练工作形式。训练可根据项目实际和训练工作需要，采取线上与线下相结合、集中与分散训练相结合的形式进行。为增强选手适应环境变化的能力，可采取异地走训等灵活多样的形式。

十三、训练工作要求

（一）集训主管部门及集训基地

1. 牵头集训主管部门应掌握了解各集训基地间配合情况及全面的集训工作动态；主动与其他集训主管部门沟通、协商，及时解决集训期间出现的问题，特别是涉及公平、公正的问题；通过联络员及时向中国组委会反映集训工作动态及重大问题，向其他集训主管部门和牵头集训基地传达中国组委会相关工作要求。其他集训主管部门应及时与牵头集训主管部门沟通集训工作信息。各集训主管部门要按照集训工作基本要求，在牵头集训主管部门组织、协调下，根据各地疫情防控政策要求，制定切实可行的疫情防控措施并监督集训基地落实。

2. 牵头集训基地要主动与专家组、其他集训基地沟通，掌握了解集训中存在的问题；及时帮助专家组落实训练、阶段性考核等工作安排；解决集训技术及后勤保障问题；认真听取其他集训基地的意见建议，与专家组协商后进行必要调整；及时向牵头集训主管部门反映集训中存在的重大问题及意见建议。其他集训基地也应按照职责分工，做好相应的人力、物力、场地等方面的保障。各集训基地应公平、公正对待每位选手，组织好训练工作；按照相关疫情防控措施要求具体组织实施。

（二）专家组

1. 结合项目自身实际分析优势和问题，确定训练总体目标，明确体现在集训工作方案中。已参加过世赛的项目，力争参赛成绩保持稳定或有所提高；新参赛项目，力争取得优胜奖或更好成绩。

2. 将总体目标细化、分解到训练各环节中，形成具体的、可操作的目标，并使参与训练各方清晰了解各阶段的目标要求。

3. 合理安排训练节奏、训练内容和训练形式。专家组长要从本项目实际出发，结合疫情防控相关政策、要求和集训工作安排，科学把控训练技术工作，做到训练节奏、内容与方式三者关系协调、合理；要专人指导、落实好分散和线上期间每位选手的训练任务和进度。

4. 在专家组长带领下，尽快使选手和专家组融合成集训工作团队，帮助选手适应集训生活、训练节奏，产生团队归属感。

5. 集训期间，团队项目专家组长在确保公平、公正，且相关各方同意的前提下，可改变原组队方式，对选手进行强强重组。实施重组的时间、方式等应在集训框架方案中明确。

6. 掌握了解每位选手的技能水平及综合素质特点，据此制定相应的训练目标和方法。各项目专家组长应至少在 2022 年 4 月底和 9 月底前，对参赛选手技术状况各进行一次动态分析，报中国组委会技术支持组。

7. 教练组长根据本项目实际，安排教练员在每天训练结束后，及时指导选手填写集训日志，让选手在日志中填写每天训练的基本情况和存在问题，使其认识不足并改进提高。训练过程中，也可根据项目特点安排相应测验作为日常训练成绩，并由教练员将成绩记录在当天的集训日志中。

8. 教练在日常训练中，要按照本项目世赛技术要求，以及各阶段日常训练方案的要求，针对每位选手特点，进行补充性、提高性训练。在训练中，要注意培养选手良好的职业规范和遵守规则意识，及时纠正选手违反竞赛规则、操作规范和安全健康要求的行为。要听取选手在集训中提出的建议，并及时向教练组长反映。同时，来自其他集训基地的教练要将集训的好方法和有益经验应用到本单位的技能人才培养工作中，发挥引领作用。

9. 为保证实现训练目标，专家组长应有不少于集训工作 1/4 的时间在集训现场指导选手训练，并根据训练各阶段工作的需要，各有侧重，合理安排。其他专家组成员（含教练、翻译）在集训基地的工作时间和具体任务，由专家组长给出明确的安排。成员应严格按照安排到集训现场工作。

10. 专家组要配合集训基地做好集中训练的疫情防控工作。

第四部分　阶段性考核

十四、考核阶段划分。各项目集训期间安排两次阶段性考核。首次阶段性考核按成绩排序，保留不超过 5 名（团队项目 3 队）选手，进入下阶段集训。第二次阶段性考核最终确定 1 名（1 队）选手参加世界技能大赛，确定 1 名（1 队）选手作为备选。

十五、首次阶段性考核组织工作。由牵头集训主管部门召集其他集训主管部门，成立考核领导小组，负责组织实施和监督管理，公平公正开展阶段性考核工作。考核领导小组设以下工作机构：

（一）办公室。设在牵头集训基地，承担阶段性考核的组织实施、日常管理、沟通协调等工作。

（二）裁判组。专家组长担任裁判长，裁判员由选手选派地区（行业）派专业人员等额组成。按照公平、公正原则，负责阶段性考核裁判工作。如确需安排第三方裁判（含专家组成员）参与执裁的，须由裁判长事先提出具体人选和裁判员工作分工方案，一并征求选手选派地区（行业）裁判员意见获半数以上同意，报考核领导小组批准后实施。裁判（含第三方裁判）的具体工作任务由裁判长分配。考务工作可由裁判组承担或在确保公平、公正的前提下，由保障组承担。

（三）保障组。承担首次阶段性考核任务的集训基地应按考核领导小组安排，为考核工作提供技术保障和后勤服务，并按国家和当地疫情防控要求，做好疫情防控工作。

（四）监督仲裁组。由牵头集训主管部门会同首次阶段性考核承办地区（行业）集训主管部门、选手选派地区（行业）人力资源社会保障部门（人事劳动保障工作机构）组成监督仲裁组，对考核全过程实施监督，对相关争议提出仲裁处理意见，报考核领导小组审定后实施。在首次阶段性考核过程中，中国组委会将组织巡查指导。

十六、首次阶段性考核工作方案。首次阶段性考核工作方案（以下简称首次考核方案）主要包含以下内容：

（一）考核领导小组组成及责任分工。

（二）裁判组构成（含是否有第三方裁判）与分工。

（三）考核轮次（可以一次完成，也可安排多次）、时间及地点安排。

（四）考核命题方式（含各轮次技术文件公布时间、试题确定方式等）。

（五）成绩构成（各模块、轮次分数权重及成绩汇总方式，出现成绩并列时的处理方式）。

（六）考核规则、考核纪律和违规处理等要求。考核规则应参照世赛竞赛规则相关规定，按照往届世赛全国选拔赛相关竞赛技术规则及本《指导意见》基本要求制定。

（七）技术点评。应围绕考核内容和目的、成绩分析、存在问题及下一步安排等方面组织选手及相关人员开展技术点评。

十七、首次阶段性考核实施

（一）技术文件。即本阶段考核各项目的具体实施方案（含安全健康的具体要求，本阶段考核具体的裁判人员名单，设施、设备安排及清单、试题和评判标准及评分流程、加试办法等内容）。专家组长应按照首次考核方案和世赛各项目已公布的最新技术文件（考核时尚未公布技术文件的项目，可按照往届世赛技术文件，并结合第46届世赛最新技术思路、样题）要求组织编制。本阶段考核技术文件不晚于考核前30日由考核领导小组正式公布，具体考核试题、评分标准等如涉密，可视各项目实际按本项目技术文件公布方式于此后适时公布，具体公布时间应在技术文件中明确。其中，已公布的试题，考核前可对试题内容进行不超过30%的修改，并由专家组长主持会议，经裁判组全体讨论确定最终考题。确实不能提前公开的试题，应不晚于考核前30日向选手公布考核基本思路，并由考核领导小组按照本项目试题保密措施要求，结合国内相应的保密管理制度要求和本阶段考核具体情况，组织制定切实可行的保密工作程序和措施，确保首次阶段性考核的公平和公正。

（二）考核内容及成绩构成。首次阶段性考核内容以技能考核为主，并体现世赛竞赛规则及安全健康相关内容要求。选手各模块（部分）分数之和构成本次考核成绩，如本阶段考核为一次完成，本次考核成绩即为本阶段考核最终成绩；如本阶段考核为多轮次进行，则由专家组长确定各轮次考试成绩权重，相加后作为本阶段考核最终成绩。考核成绩如出现并列，应通过加试或按模块权重优先级等方式确定选手排名顺序，加试处理方式应在首次阶段性考核工作方案中确定并公布。选手日常训练成绩不得计入阶段性考核成绩之中。首次阶段性考核成绩不带入下一阶段考核。

（三）集训主管部门及集训基地工作要求。首次阶段性考核期间，各集训主管部门和集训基地均应服从考核领导小组领导，按照首次考核方案要求做好相应组织保障工作，公平公正组织实施考核工作。应遵守考核纪律，遇到问题按照本《指导意见》规定的程序和要求反映、解决。不得干预专家组、裁判组的正常工作。

（四）裁判工作要求。首次阶段性考核的裁判及成绩评定工作，应在专家组长带领下，本着公平公正原则，由裁判组实施。

1. 为保证比赛公平公正，专家组长作为阶段性考核裁判长，应严格把握相关评判标准。

2. 选手选派地区（行业）的裁判，应按照首次考核方案和阶段性考核技术文件要求，在评判中按照职责分工开展工作。裁判长负责组织裁判工作，但不得参与评判。如裁判组内出现技术性争议裁判长有裁决权。

3. 考核纪律。裁判组成员、选手及其他相关人员在阶段性考核时如出现违规行为的，按照本《指导意见》第五部分有关违规规定及本项目阶段性考核的具体竞赛规则处理。

（五）监督仲裁。监督仲裁组要对考核的全过程实施监督，接受相关申诉并进行仲裁。各项目阶段性考核地应采取相应措施（如安装摄像头，实施 24 小时无盲区监控录像等。录像资料至少须保存半年，以备查），对阶段性考核实施全程监控。

（六）成绩公布。各项目阶段性考核成绩经裁判组审核无异议的，裁判组全体成员（或专家组长）在《第 46 届世界技能大赛选手集训阶段性考核成绩汇总表》（以下简称《成绩汇总表》，见附件 5）签字后，由专家组长当场宣布考核成绩。

（七）技术点评。首次阶段性考核结束后，专家组长要组织本阶段参加考核的全体选手和有关人员进行技术点评和成绩分析。全面分析本次考核工作技术准备、组织实施情况和存在问题，听取意见建议，完善下阶段训练工作。技术点评的基本要点如下：

1. 考核内容和目的。本次考核模块（任务）的构成，各模块之间比重以及各模块安排的主要目的。

2. 成绩分析。总体成绩状况与分析，每位选手技能水平状况与分析，特别是目前技能水平与前期选手技术水平的比较分析。

3. 存在问题。考核过程中反映出的训练安排、选手自身存在的问题，以及目前集训过程中存在的主客观问题等。

4. 下一步安排。结合考核存在的问题，明确下一阶段训练重点、难点以及相关问题的改进措施。首次阶段性考核结束后，技术点评报告由专家组长签字报中国组委会技术支持组。成绩汇总表由裁判长签字，报中国组委会秘书处并抄报中国组委会技术支持组。

十八、第二次阶段性考核。第二次阶段性考核为集中阶段性考核（以下简称集中考核），由中国组委会统一组织。集中考核技术规则及相关具体安排由中国组委会另行制定。

第二次阶段性考核成绩排名第 2 的，作为备选选手。备选选手应与参赛选手共同进行强化集训阶段的训练。有条件的单位，可安排备选选手观摩第 46 届世赛。

第五部分　争议及违规处理

十九、集训期间监督检查及问题反映。中国组委会秘书处、技术支持组随时接受各方对集训工作情况反映，并将派员巡视和检查各项目集训工作，了解和处理集训工作中出现的问题。参与集训的各方人员都有责任和义务发挥监督作用。对发现的问题可通过选手的领队按照本《指导意见》规定的程序逐级反映。

二十、违规处理

（一）违规处理范围。选手、专家组长、专家组成员及裁判员、集训基地人员、选手所在地区（行业）领队、集训主管部门人员等，出现违反本《指导意见》和各项目技术文件中规定的相关竞赛纪律或其他有碍竞赛公平公正的行为，依据本《指导意见》第二十条第（二）、（三）款相关规定处理并记录。

（二）违规处理办法

1. 选手在集训期间出现违规行为，专家组长依据相关规定进行处理或组织全体专家组成员（阶段性考核期间组织全体裁判员）研究处理，并将处理结果报牵头集训主管部门（首次阶段性考核期间报考核领导小组）。如有必要，由牵头集训主管部门（考核领导小组）报中国组委会。

2. 专家组成员在集训训练期间出现违规行为，由牵头集训主管部门商专家组长研究提出处理意见；首次阶段性考核期间裁判员及专家组成员出现违规行为，由考核领导小组商裁判长研究提出处理意见。上述处理意见须报中国组委会审定后实施。

3. 集训主管部门和集训基地人员、专家组长（裁判长）集训期间出现违规行为，由牵头集训主管部门（首次阶段性考核期间由考核领导小组）先行调查客观事实并形成书面材料，由中国组委会会同牵头集训主管部门（考核领导小组）处理。牵头集训主管部门及牵头集训基地（考核领导小组）人员出现违规行为，由中国组委会直接处理。

4. 选手领队在集训期间出现违规行为，视情况由牵头集训主管部门（考核领导小组）或中国组委会研究处理。

对上述违规行为，视情节情况给予约谈、警告等处理，对于情节严重的给予严重警告处理并取消其相应资格，处理结果纳入相应工作评估中。对受到取消资格处理的专家组成员将进行调整。受到违规处理较多的地区（行业），中国组委会将对其今后参与世赛相关工作进行限制。

（三）违规处理登记。对违规行为的处理结果，由实施人在《第46届世界技能大赛参赛集训违规行为处理登记表》（以下简称《登记表》，见附件6）中记录并交牵头集训主管部门存档备查。专家组长及中国组委会直接处理的《登记表》由中国组委会存档。

二十一、问题或争议处理。集训期间，任何与集训工作有关的问题或争议，各方应通过正当渠道并按程序反映和申诉，不得擅自传播、扩散未经核查证实的言论、信息。具体程序如下：

（一）项目内解决。选手及所在单位人员发现集训过程中存在问题，应向专家组长反映。专家组长依据相关规定进行处理或组织全体在场专家组成员（阶段性考核期间裁判员）研究解决。处理意见如需全体参与讨论者表决的，须获半数以上通过。最终处理意见应及时告知意见反映人，并填写《第46届世界技能大赛参赛集训问题或争议处理记录表》（以下简称《争议处理记录表》，见附件7）。

（二）牵头集训主管部门（首次阶段性考核期间考核领导小组）解决。对处理结果有异议的，问题反映人为集训选手或其所在单位人员的，可由其领队向牵头集训主管部门（首次阶段性考核期间向考核领导小组的监督仲裁组）书面反映并举证；问题反映人为其他专家组成员或裁判员的，可由其本人向牵头集训主管部门（首次阶段性考核期间向考核领导小组的监督仲裁组）书面反映并举证。牵头集训主管部门（首次阶段性考核期间向考核领导小组的监督仲裁组）向专家组长等各方了解具体情况，及时对问题或争议的性质进行确认并处理。其中，属技术性问题或争议的，仍交由项目内解决。属非技术性问题或争议的，由牵头集训主管部门（首次阶段性考核期间向考核领导小组的监督仲裁组）组织核查，及时处理或仲裁，书面告知相关问题反映人，并填写《争议处理记录表》报中国组委会备案。如争议涉及集训主管部门、基地或考核领导小组相关人员，依照本《指导意见》第二十条第（二）款中第3点的规定处理。

（三）中国组委会解决。对牵头集训主管部门（阶段性考核期间为考核领导小组）仲裁结果仍有异议的，由当事选手派出地区（行业）领队向中国组委会提出书面申诉，由中国组委会做最终裁决。阶段性考核期间，书面申诉应在本阶段考核选手成绩最终确认前提出，逾期不受理。

第六部分 其他工作

二十二、专家组工作评估。中国组委会将适时组织专家组成员、裁判员、集训选手、集训基地负责人及集训主管部门填写《第46届世界技能大赛中国技术指导专家组长工作评估表》（见附件8），及《第46届世界技能大赛中国技术指导专家组成员工作评估表》（见附件9）。对全体专家组成员开展集训工作情况评估。评估表由牵头集训主管部门统一收取，于2022年9月底前，报中国组委会技术支持组。

二十三、对外交流。集训工作可与对外交流活动相结合。中国组委会根据国际疫情变化实际、在遵守我国防疫政策要求的前提下，对各项目集训基地对外交流联络提供必要协助，帮助专家、翻译和选手更好地学习借鉴国际经验，熟悉和掌握世界技能大赛相关技术要求，促进技能水平的提高。各项目可在我国疫情防控政策允许的条件下，按照世界技能大赛相关规则邀请世界技能组织各项目首席专家、副首席专家来华指导，或发挥各自优势组织开展线上、线下相结合的，形式多样的对外交流活动，并在各种集训方案中作相应安排。凡自行与世界技能组织（含邀请项目首席专家、副首席专家及世界技能组织其他人员）开展交流的项目，应接受中国组委会的统一管理，由中国组委会审定后实施。各项目与世界技能组织其他成员之间自行开展的交流活动，应事先向中国组委会备案。

二十四、经费与保障。各集训主管部门应与同级财政部门加强沟通协调，加大对集训工作的支持力度和资金投入。各集训基地要积极争取主管部门支持，吸引社会赞助，多渠道筹措经费。参照《世界技能大赛参赛管理暂行办法》，按照财务管理的规定，合理制定资金支出计划范围，建立资金收支台账，加强资金使用和管理。

集训开始起，选手报到和集训完返程的费用由选手派出单位承担。集训期间产生的选手、专家、教练往返经费、劳务补贴、食宿、耗材费用由承担集训工作任务的集训基地承担。

选手所在单位应为选手购买集训期间人身意外伤害保险。

二十五、集训工作总结。牵头集训主管部门应全面、深入总结所承担牵头项目集训工作在政策支持、协调管理、组织指导和集训保障等方面的经验和问题。集训工作总结应在第 46 届世赛结束后 30 日内报送中国组委会秘书处。

二十六、资料收集整理

（一）技术资料。专家组要在专家组长带领下，在集训过程中搜集和整理国内外相关技术资料。翻译要在集训初期尽快承担起资料翻译任务。第 46 届世赛结束后 30 日内，各项目专家组长应将第 46 届世赛技术工作文件中文版、集训期间所制定的全套集训工作文件（含各阶段训练安排及考核技术工作文件等），一并报中国组委会技术支持组。各项目牵头集训基地应将工作总结同期上报组委会秘书处。技术资料上报情况，将作为对专家组长考核评估和牵头集训基地评估的重要内容之一。

（二）宣传资料。牵头集训基地应明确专人负责搜集整理文字、图片、视频等宣传资料，并及时报送到宣传工作指定邮箱（worldskills2021@163.com），为开展世赛宣传工作积累素材。搜集整理宣传资料应注意保密，不触及各项目技术机密。宣传资料主要包括：

1. 人物资料。主要包括专家、教练、翻译、选手等人员的基本情况；反映选手日常技能训练、体能训练、理论知识及外语学习、心理辅导等场景；专家、教练指导选手训练场景；翻译及保障人员工作场景；各级领导视察、慰问、督导的场景。

2. 基地资料。主要包括集训基地的基本介绍，项目的基本介绍（包括但不限于项目定义和各模块考核内容）；反映基地外观、训练场地、设备配置、标志标牌等集训基地环境的场景。

3. 事件资料。主要包括反映阶段性考核、启动仪式、动员会议等重要活动的文字介绍及场景；境外专家指导、技术交流活动、友谊及交流竞赛、观摩学习等交流合作的文字介绍及场景。

4. 报道资料。主要包括集训过程中各类媒体的报道资料原文、刊载日期及媒体名称等。

文字资料要求简明扼要、表述精准。图片资料应为 2 MB 以上高清原图，特点鲜明，文件命名格式为“图片内容—拍摄者—拍摄时间”。视频资料应经过必要的后期剪辑处理，尽可能反映集训备赛的方方面面，拍摄近景和特写时应使用三脚架，视频资料的文件格式统一为 MPEG4，H.264 编码，分辨率为 1 920×1 080，文件命名格式同图片。

宣传资料上报情况将作为集训基地考核评估的重要内容之一。

二十七、宣传工作。各有关单位要广泛动员和充分利用广播、电视、报刊、互联网等媒体，围绕第 46 届世赛参赛集训工作开展新闻宣传。要结合实际，采取群众喜闻乐见、易于接受的方式，通过技能交流、技能展示、新闻发布、专题采访、公益广告、宣传海报、访谈、官方微博微信等丰富多彩的形式开展宣传活动。

附件（略）

人力资源社会保障部关于确定第46届世界技能大赛中国集训基地的通知

（人社部函［2021］89号）

各省、自治区、直辖市及新疆生产建设兵团人力资源社会保障厅（局），国务院有关部门，有关行业组织、相关企业人事劳动保障工作机构：

为做好第46届世界技能大赛备赛工作，根据《世界技能大赛参赛管理暂行办法》（人社部发［2013］28号），经第46届世界技能大赛中国组委会研究，确定在江西洪都航空工业集团有限责任公司等245家单位设立346个第46届世界技能大赛中国集训基地（名单见附件）。各项目排名第一的单位为牵头集训基地，履行集训工作主体责任，承担相应项目集训主要组织实施工作，其他集训基地配合牵头集训基地做好相应集训工作。

第46届世界技能大赛各项目集训基地主管部门要高度重视集训工作，加强组织管理和监督检查，提供政策支持和人力物力财力保障，协调解决集训工作中的问题，确保集训工作公平公正、安全顺利进行。各集训基地要公开公平公正履行职责，加强沟通配合，强化安全意识，特别是要严格落实属地疫情防控要求，切实做好所承担项目集训工作的具体组织实施，提供必需的保障和支持，为我国参赛选手在第46届世界技能大赛上取得优异成绩作出应有的贡献。各地、各有关部门和行业企业要进一步加强世界技能大赛成果转化和推广工作，健全完善技能人才培养、使用、评价、激励制度，加快培养更多高技能人才、能工巧匠、大国工匠。

附件：第46届世界技能大赛中国集训基地名单

人力资源社会保障部

2021年7月2日

第 46 届世界技能大赛中国集训基地名单

项目	集训基地
飞机维修项目	江西洪都航空工业集团有限责任公司
	江苏省交通技师学院
	杭州技师学院
	国营芜湖机械厂
	成都航空职业技术学院
	云南交通技师学院
车身修理项目	上海市杨浦职业技术学校
	大连市技师学院
	日照市技师学院
	郑州交通技师学院
	云南交通技师学院
	宝鸡技师学院
汽车技术项目	重庆五一高级技工学校（重庆五一技师学院）
	大连交通技师学院
	山东工程技师学院
	四川交通职业技术学院
	新疆交通技师培训学院
	宁夏交通技师学院
汽车喷漆项目	杭州技师学院
	北京汽车技师学院
	淮海技师学院
	广西交通技师学院
	贵州交通技师学院
	宁夏交通技师学院

续表

项目	集训基地
重型车辆维修项目	湖北东风汽车技师学院
	宁波技师学院
	宁都高级技工学校
	山东交通技师学院
	广州市交通技师学院
	广西交通技师学院
货运代理项目	上海国际港务（集团）股份有限公司
	山东劳动技师学院
	武汉工商学院
	广东省交通城建技师学院
	广西交通职业技术学院
	新疆商贸经济高级技工学校
轨道车辆技术项目	中国中车集团有限公司
	上海申通地铁集团有限公司
	青岛市技师学院
	武汉铁路职业技术学院
	四川交通职业技术学院
	宝鸡铁路技师学院
砌筑项目	中国建筑第五工程局技工学校
	上海城建职业学院
	广州市建筑工程职业学校
	金昌技师学院
	内蒙古交通职业技术学院
家具制作项目	广州市轻工技师学院
	亚振家居股份有限公司
	安徽展睿文化创意有限公司
	江西环境工程职业学院
	湖北生态工程职业技术学院
木工项目	重庆万州技师学院
	邢台技师学院
	黑龙江林业职业学院
	深圳鹏城技师学院
混凝土建筑项目	浙江建设技师学院
	江苏城乡建设职业学院
	广州城建技工学校
	贵州交通技师学院

续表

项目	集训基地
电气装置项目	江苏省盐城技师学院
	北京轻工技师学院
	江西省电子信息技师学院
	淄博市技师学院
	开封技师学院
	西藏技师学院
精细木工项目	广州市轻工技师学院
	上海市城市科技学校
	西南民族大学
	甘肃工商技师学院
园艺项目	安徽润一生态建设有限公司
	上海市城市建设工程学校（上海市园林学校）
	广州市公用事业技师学院
	重庆三峡职业学院
油漆与装饰项目	黄山锐蓝教育科技有限公司
	广东省交通城建技师学院
	重庆科技学院
抹灰与隔墙系统项目	浙江建设技师学院
	烟台城乡建设学校
	中国建筑第五工程局技工学校
	重庆建筑技师学院
管道与制暖项目	重庆五一高级技工学校（重庆五一技师学院）
	江苏省盐城技师学院
	中铁十三局技师学院
	安吉高级技工学校
	山东工业技师学院
	陕西建设技师学院
制冷与空调项目	广州市工贸技师学院
	北京电子信息技师学院
	青岛海洋技师学院
	新疆生产建设兵团兴新职业技术学院
	广西二轻高级技工学校
瓷砖贴面项目	烟台城乡建设学校
	浙江建设技师学院
	郑州商业技师学院
	宁夏水电技师学院

续表

项目	集训基地
数字建造项目	浙江建设技师学院
	江苏省徐州技师学院
	中国建筑第五工程局技工学校
	海南省职业技术学院
	西安建筑工程技师学院
	重庆建工投资控股有限责任公司
数控铣项目	北京市工业技师学院
	无锡机电高等职业技术学校
	中国空空导弹研究院技工学校
	广东省机械技师学院
	成都市技师学院
	甘肃有色金属技师学院
数控车项目	北京市工业技师学院
	黑龙江技师学院
	浙江工业职业技术学院
	福州第一技师学院
	广东省机械技师学院
	内蒙古机电职业技术学院
建筑金属构造项目	中冶建筑研究总院有限公司
	慈溪技师学院
	山东工程技师学院
	郑州商业技师学院
	中国十九冶集团有限公司
	新疆安装技工学校
电子技术项目	广东省技师学院
	北京电子信息技师学院
	河北省涿州市技师学院
	江苏省扬州技师学院
	重庆铁路运输技师学院
	青海水电技师学院
工业控制项目	铁岭技师学院
	山东工业技师学院
	湖北三峡技师学院
	西安技师学院
	四川仪表工业学校

续表

项目	集训基地
工业机械项目	江苏省常州技师学院
	天津市职业技能公共实训中心
	上海市大众工业学校
	淄博市技师学院
	广东省机械技师学院
	云南红河技师学院
制造团队挑战赛项目	中国空空导弹研究院
	江苏省常州技师学院
	广东省机械技师学院
	成都航空职业技术学院
	西飞技师学院
	楚雄技师学院
CAD 机械设计项目	广州市工贸技师学院
	晋城技师学院
	苏州技师学院
	龙岩技师学院
	山东劳动技师学院
	成都飞机工业（集团）有限责任公司
机电一体化项目	天津职业技术师范大学附属高级技术学校
	北京市工业技师学院
	河北省涿州市技师学院
	中国宝武钢铁集团有限公司人才开发院
	安徽芜湖技师学院
	海南省技师学院
移动机器人项目	北京市工贸技师学院
	南京技师学院
	安徽六安技师学院
	广州市机电技师学院
	云南技师学院
	武汉交通职业学院
塑料模具工程项目	广东省机械技师学院
	宁波技师学院
	山东泰山技师学院
	湖南工贸技师学院
	海南省技师学院
	武汉技师学院

续表

项目	集训基地
原型制作项目	广州市技师学院
	上海市大众工业学校
	苏州技师学院
	宁波技师学院
	山东交通技师学院
	辽宁丰田金杯技师学院
焊接项目	中冶建筑研究总院有限公司
	首钢技师学院
	江南造船（集团）有限责任公司
	威海市文登技师学院
	中国十九冶集团有限公司
	甘肃冶金技师学院
水处理技术项目	北京市工业技师学院
	同济大学
	河南化工技师学院
	南京技师学院
	中山市技师学院
	兰州资源环境职业技术学院
化学实验室技术项目	山东化工技师学院
	上海信息技术学校
	河南化工技师学院
	重庆市卫生技工学校
	四川理工技师学院
	西安石油化工技工学校
增材制造项目	江苏省盐城技师学院
	吉林职业技师学院
	东营市技师学院
	广东省机械技师学院
	西安增材制造国家研究院有限公司
	武汉职业技术学院
工业设计技术项目	深圳技师学院
	上海工艺美术职业学院
	江苏省常州技师学院
	杭州萧山技师学院
	重庆市机械高级技工学校

续表

项目	集训基地
工业 4.0 项目	无锡技师学院
	天津职业技术师范大学
	娄底技师学院
	东莞市技师学院
	四川仪表工业学校
	内蒙古冶金技师学院
光电技术项目	重庆电子工程职业学院
	仪征技师学院
	山东省城市服务技师学院
	衡阳技师学院
	深圳信息职业技术学院
	吉林省理工技师学院
可再生能源项目	广东省技师学院
	上海电力大学
	南京化工技师学院
	许昌技师学院
	重庆五一高级技工学校（重庆五一技师学院）
机器人系统集成项目	广州市机电技师学院
	上海电气（集团）总公司
	河北省唐山市技师学院
	杭州技师学院
	山东技师学院
	广西机电技师学院
信息网络布线项目	天津市电子信息技师学院
	邢台技师学院
	兴安盟高级技工学校
	无锡技师学院
	云南技师学院
	安徽金寨技师学院
网络系统管理项目	广州市工贸技师学院
	嘉兴技师学院
	安徽阜阳技师学院
	贵州省电子信息技师学院
	太原市高级技工学校（太原技师学院）

续表

项目	集训基地
商务软件解决方案项目	邢台技师学院
	上海商学院
	苏州技师学院
	烟台市技师学院
印刷媒体技术项目	上海出版印刷高等专科学校
	漳州理工职业学院
	江西省印刷高级技工学校
	河南经济贸易技师学院
网站设计与开发项目	上海信息技术学校
	江西省电子信息技师学院
	福州第二技师学院
	漯河技师学院
	广州市工贸技师学院
	贵州省电子信息技师学院
云计算项目	江苏省常州技师学院
	首钢技师学院
	天津电子信息职业技术学院
	海南省技师学院
	成都东软学院
网络安全项目	上海海盾安全技术培训中心
	北京电子信息技师学院
	江西省电子信息技师学院
	青岛市技师学院
	成都东软学院
	重庆电子工程职业学院
移动应用开发项目	广州市工贸技师学院
	上海出版印刷高等专科学校
	安徽芜湖技师学院
	福建船政交通职业学院
	山东劳动技师学院
	武汉工商学院

续表

项目	集训基地
时装技术项目	北京市工贸技师学院
	常熟服装城集团有限公司
	泉州轻工职业学院
	河南工业技师学院
	广州市白云工商技师学院
	重庆工贸技师学院
花艺项目	上海市城市建设工程学校（上海市园林学校）
	杭州第一技师学院
	潍坊市技师学院
	广西农业职业技术学院
	重庆市九龙坡区凤池荷语职业培训学校
平面设计技术项目	深圳技师学院
	杭州轻工技师学院
	江西省电子信息技师学院
	山东劳动技师学院
	抚顺市技师学院
珠宝加工项目	广州南华工贸高级技工学校
	北京市工艺美术高级技工学校
	吉林省工程技术学校
	中国地质大学（武汉）珠宝学院
	四川文化产业职业学院
商品展示技术项目	广东省轻工业技师学院
	北京市工贸技师学院
	上海工艺美术职业学院
	江西技师学院
	郑州市商业贸易高级技工学校
	甘肃工商技师学院
3D 数字游戏艺术项目	深圳技师学院
	北京市新媒体技师学院
	宁波第二技师学院
	广西机电技师学院
	重庆工商职业学院
	长江职业学院

续表

项目	集训基地
烘焙项目	苏州市吴中技师学院
烘焙项目	北京轻工技师学院
烘焙项目	东莞市技师学院
烘焙项目	海南省三亚技师学院
烘焙项目	重庆现代职业技师学院
烘焙项目	丹东市技师学院
美容项目	重庆城市管理职业学院
美容项目	南京集红堂彩妆职业培训学校
美容项目	山东省城市服务技师学院
美容项目	武汉海峡萧氏美容发展有限公司
美容项目	广东省轻工业技师学院
糖艺 / 西点制作项目	北京轻工技师学院
糖艺 / 西点制作项目	浙江商业技师学院
糖艺 / 西点制作项目	江西省工贸高级技工学校
糖艺 / 西点制作项目	中山市技师学院
糖艺 / 西点制作项目	宁夏新东方技工学校
糖艺 / 西点制作项目	武汉市第一商业学校
烹饪（西餐）项目	山东省城市服务技师学院
烹饪（西餐）项目	吉林省工商技师学院
烹饪（西餐）项目	上海蓝带厨艺职业技能培训学校
烹饪（西餐）项目	宁波市古林职业高级中学
烹饪（西餐）项目	重庆现代职业技师学院
烹饪（西餐）项目	湖北经济学院
美发项目	重庆五一高级技工学校（重庆五一技师学院）
美发项目	北京市新媒体技师学院
美发项目	杭州运河技工学校（杭州市拱墅区职业高级中学）
美发项目	山东蓝翔技师学院
美发项目	乌鲁木齐市特别特美容美发用品有限公司培训学校
美发项目	成都高新区柏彤时尚职业技能培训学校有限责任公司
健康和社会照护项目	上海健康医学院
健康和社会照护项目	黑龙江省林业卫生学校
健康和社会照护项目	山东医药技师学院
健康和社会照护项目	河南医药健康技师学院
健康和社会照护项目	重庆市卫生技工学校

续表

项目	集训基地
餐厅服务项目	上海市南湖职业学校
	盘锦福德汇餐饮管理有限公司
	江苏省徐州技师学院
	杭州第一技师学院
	广州市轻工技师学院
	阜康技师学院
酒店接待项目	上海商学院
	苏州市电子信息技师学院
	江西省电子商务高级技工学校
	潍坊市技师学院
	郑州商业技师学院
	新疆青湖生态旅游度假有限公司

人力资源社会保障部启动第 46 届世界技能大赛参赛集训工作

2021 年 9 月 22 日，人力资源社会保障部召开第 46 届世界技能大赛参赛集训工作动员电视电话会，正式启动第 46 届世界技能大赛集训工作。人力资源社会保障部副部长、第 46 届世界技能大赛中国组委会主任汤涛同志出席会议并作动员讲话。第 46 届世界技能大赛中国组委会各成员单位、有关行业（企业）和各地人力资源社会保障厅（局）相关负责同志，第 46 届世界技能大赛中国集训基地负责同志，第 46 届世界技能大赛中国技术指导专家组组长、翻译和集训选手参加会议。

会议指出，要深入贯彻落实习近平总书记对技能人才工作的系列重要指示精神，统一思想、凝聚共识，坚定做好世赛集训工作的信心和决心。要高质量、高标准、高水平地组织开展集训工作，发挥世界技能大赛的引领作用，将参赛工作与技能人才工作有机结合，努力培养更多高素质技能人才，激励更多劳动者特别是青年一代走“技能成才、技能报国”之路。

会议要求，要对标世界技能大赛标准和理念，系统谋划世赛集训工作，完善管理制度，创新方式方法，加强指导交流，提高集训工作的规范化、科学化、专业化水平。要加强组织领导，凝聚工作合力，精心组织实施，确保集训工作有序开展。要压实疫情防控责任，强化风险防控，完善应急预案，确保集训工作全过程、全领域安全。

新闻链接：自 2010 年我国加入世界技能组织以来，已连续参加五届世界技能大赛，并取得 36 枚金牌、29 枚银牌、20 枚铜牌和 58 个优胜奖。第 46 届世界技能大赛计划 2022 年 10 月 12 日—17 日在我国上海举办，我国将参加全部 63 个项目的比赛。

2021 年 9 月 24 日

（来源：人力资源社会保障部官网）

worldskills China

2022年
世界技能大赛特别赛

COMPETITION 2022 SPECIAL EDITION

2022 年 9 月中旬至 11 月下旬，世界技能组织在 15 个国家和地区分散举办 2022 年世界技能大赛特别赛，共 62 个比赛项目。该赛事为世界技能大赛正式比赛，作为 2022 年上海第 46 届世界技能大赛替代活动。

为做好参赛工作，人力资源社会保障部成立了 2022 年世界技能大赛特别赛中国代表团，代表团由我国第 46 届世界技能大赛备赛选手、技术指导专家和翻译等 146 人组成，其中，参赛选手 36 名，将参加 34 个项目比赛。参赛选手全部来自技工院校等职业院校，平均年龄 22 岁（最大的 24 岁，最小的 20 岁），其中 8 名为女选手。

参加 2022 年世界技能大赛特别赛总体情况

2022 年 9 月中旬至 11 月下旬，世界技能组织在欧洲、亚洲、美洲等地区的 15 个国家分散举办 2022 年世界技能大赛特别赛，设 62 个比赛项目，共有 54 个国家和地区的 1 000 余名选手参加了比赛。在党中央、国务院的高度重视和关心关怀下，人力资源社会保障部组建中国代表团，根据实际情况，选择赴 7 个国家参加了 34 个项目的比赛，获 21 金 3 银 4 铜和 5 个优胜奖，在只参加半数左右比赛项目的情况下，蝉联金牌榜、团体总分世界第一，实现了为国争光的目标。

一、基本情况

党中央、国务院高度重视技能人才队伍建设，党的二十大报告专门对此作出部署。2019 年习近平总书记对我国技能选手在第 45 届世界技能大赛上取得佳绩作出重要指示，指出劳动者素质对一个国家、一个民族发展至关重要。技术工人队伍是支撑中国制造、中国创造的重要基础，对推动经济高质量发展具有重要作用。要健全技能人才培养、使用、评价、激励制度，大力发展技工教育，大规模开展职业技能培训，加快培养大批高素质劳动者和技术技能人才。要在全社会弘扬精益求精的工匠精神，激励广大青年走技能成才、技能报国之路。总书记的重要指示，为加强技能人才队伍建设和做好世界技能大赛工作指明了方向，提供了根本遵循和强大动力。

人力资源社会保障部深入贯彻落实总书记重要指示精神，按照世界技能大赛先进理念和标准，举办中华人民共和国第一届职业技能大赛，选拔优秀选手进入世界技能大赛中国集训队。在全国设立了 346 个国家级集训基地，组织开展第 46 届世界技能大赛参赛集训。但受新冠肺炎疫情影响，原定于 2022 年 10 月在中国上海举办的第 46 届世界技能大赛不再举办，由相关国家分散举办 2022 年世界技能大赛特别赛作为替代活动。为此，人力资源社会保障部综合考虑我国实际，派出由 36 名选手和专家、翻译等共 146 人组成的中国代表团，分赴德国、瑞士、芬兰、法国、奥地利、日本、韩国等 7 个国家参加了 34 个项目的比赛。中国代表团全体成员克服多重困难，圆满完成参赛任务。比赛期间，没有发生针对中国代表团成绩的任何争议，代表团没有任何违规情况，展现了良好的精神风貌和过硬的综合素质。境内外媒体对中国代表团参赛情况给予普遍关注、广泛报道和积极评价，2022 年 9 月至 12 月底，各类媒体共有涉及“世界技能大赛特别赛”相关报道约 2 万篇，阅读量约 14 亿人次，在社会上引起强烈反响。

中国代表团在世界技能大赛上取得佳绩，展现了我国实施人才强国战略、推进制造强国建设、实施技能中国行动的成就，也反映出技工教育和职业技能培训事业快速发展的成果。在 2022 年世界技能大赛特别赛中，我国传统优势项目继续保持优势地位，数控铣项目实现金牌“四连冠”，时装技术和砌筑项目实现金牌“三连冠”，电子技术等 4 个项目蝉联冠军。部分项目优势渐显，光电技术等 3 个项目首次参赛勇夺金牌，家具制作等 10 个项目实现金牌零的突破。同时，我们也清醒地认识到，俄罗斯、巴西等强队未派选手参加此次大赛，受新冠肺炎疫情影响部分项目参赛队减少，应辩证地看待所取得的成绩。

二、收获和体会

通过参加世界技能大赛，深化国际合作交流，我们深刻体会到，加强技能人才培养已成为国际社会共识，部分国家已将其作为国家战略。从当前我国实际看，高技能人才队伍建设亟待加强。

（一）加强技能人才队伍建设是推动经济高质量发展的重要支撑

技能人才是支撑中国制造、中国创造的重要力量。尽管我国在职业技能竞技领域进入了世界第一阵营，但技能人才的素质、结构与世界制造强国、技能强国相比还有较大差距。在我国经济转型升级、产业结构调整、着力发展实体经济的大背景下，不仅需要一大批具有国际水平的战略科学家、科技领军人才，也需要一支拥有现代科技知识和创新能力的高技能人才队伍，缓解结构性就业矛盾，推动经济社会高质量发展。

（二）青年技能人才培养是技能人才队伍建设的重中之重

技能人才培养是一个系统性、长远性工程，必须凝聚“技能宝贵”的社会共识，从青少年抓起。瑞士通过各种措施引导 80%的初中生毕业后接受职业教育，为其发达的制造业提供强大的技能人才支撑。当前我国青年技能人才成长还面临着诸多制约，如职业教育学生与普通教育学生比值失衡，技工待遇总体偏低，社会地位不高，发展通道不畅，重文凭、轻技能的社会观念未根本扭转，青年人学习职业技能的意愿不强等。我们应着眼长远，将青年技能人才培养作为国家战略高位推动，改革完善技能人才培养体制，提高技能人才待遇和社会地位，积极营造激励广大青年技能成才的良好社会氛围。

（三）大规模开展职业技能竞赛是促进技能人才队伍建设的重要举措

职业技能竞赛是促进优秀技能人才脱颖而出的重要途径。参赛选手摘金夺银，深刻印证了“三百六十行，行行出状元”，有利于增强广大青年技工的荣誉感，也将激励更多青年从事技能工作。我们应利用参加世界技能大赛和筹办 2026 年第 48 届上海世界技能大赛的契机，不断扩大世界技能大赛在中国的影响力，加强与各个国家和地区在技能领域的交流互鉴，进一步营造关心、热爱、投身技能的氛围，全面带动技能人才工作。

三、下一步工作打算

要坚持以习近平新时代中国特色社会主义思想为指导，深入学习贯彻党的二十大精神和习近平总书记关于技能人才工作的重要指示精神，按照《关于加强新时代高技能人才队伍建设的意见》要求，全面加强技能人才队伍建设。

（一）认真总结 2022 年世界技能大赛特别赛参赛工作

召开参赛总结大会，对特别赛获奖选手、技术专家团队和为特别赛参赛作出突出贡献的先进单位及个人予以表扬奖励。认真总结参赛经验，研究改进对策措施。加强深入宣传报道，组织开展世界技能大赛先进事迹报告会、技能中国行等活动，营造尊重技能人才的社会风尚，激励更多青年走技能成才、技能报国之路。

（二）健全完善具有中国特色的职业技能竞赛体系

一是全力筹备好计划于 2023 年 9 月举办的中华人民共和国第二届职业技能大赛，做好第 47 届世界技能大赛选拔集训工作，谋划 2026 年上海第 48 届世界技能大赛筹办工作，广泛深入开展各级各类职业技能竞赛。

二是健全竞赛管理制度，建立政府、企业和社会多方参与的竞赛投入保障机制，加强竞赛专兼职人才队伍建设，提高竞赛科学化、规范化、专业化水平。

三是推动世界技能大赛成果转化，并在职业技能培训、职业技能竞赛和技工院校教学中加以推广运用。

（三）全面加强新时代高技能人才队伍建设工作

一是深化技能人才培养改革，加大急需紧缺高技能人才培养力度，创新高技能人才培养模式，着力提高职业教育相对普通教育的资源投入及配比。

二是健全完善技能人才评价体系，落实“新八级工”职业技能等级制度，拓宽技能人才成长成才通道。

三是落实提高技术工人待遇的政策，加大高技能人才表彰奖励力度，健全高技能人才激励机制，切实增强技能人才的职业荣誉感，大力弘扬工匠精神、劳动精神，为贯彻落实“三新一高”要求，实现第二个百年奋斗目标、全面建成社会主义现代化国家提供坚强的技能人才保障。

2022年世界技能大赛特别赛各参赛国家和地区成绩表

排名	成员国家或地区	参赛项目数	团体总分	金牌	银牌	铜牌	优胜奖
1	中国	34	106	21	3	4	5
2	韩国	46	102	11	8	9	16
3	中国台北	50	92	6	13	6	17
4	日本	51	73	8	5	5	16
5	法国	50	69	6	3	7	22
6	瑞士	34	65	5	5	9	12
7	奥地利	38	54	5	2	4	20
8	德国	31	40	3	5	2	9
9	新加坡	26	38	3	3	2	13
10	英国	29	26	2	0	3	12
11	印度	50	25	0	2	3	13
12	匈牙利	23	20	0	2	1	12
13	葡萄牙	12	18	2	2	0	4
14	中国香港	26	16	1	0	0	12
14	意大利南蒂罗尔	10	16	1	2	1	4
16	阿联酋	15	13	1	0	0	9
17	加拿大	26	12	1	0	2	4
18	伊朗	13	11	1	0	1	5
19	泰国	11	9	0	1	0	6
20	澳大利亚	15	6	0	0	0	6
20	哥伦比亚	17	6	0	0	0	6
20	芬兰	25	6	0	0	0	6
20	拉脱维亚	9	6	0	1	1	1
20	瑞典	15	6	0	0	0	6
20	越南	10	6	0	2	0	0
26	西班牙	27	5	0	0	1	3
26	爱尔兰	6	5	1	0	0	1
26	波兰	12	5	0	0	1	3
29	比利时	7	4	0	0	0	4

续表

排名	成员国家或地区	参赛项目数	团体总分	金牌	银牌	铜牌	优胜奖
30	丹麦	8	3	0	0	0	3
30	荷兰	6	3	0	0	0	3
32	哈萨克斯坦	31	2	0	0	1	0
32	马来西亚	7	2	0	0	0	2
32	挪威	2	2	0	0	1	0
32	美国	1	2	0	0	1	0
36	阿塞拜疆	3	1	0	0	0	1
36	爱沙尼亚	5	1	0	0	0	1
36	列支敦士登	3	1	0	0	0	1
36	蒙古	7	1	0	0	0	1
36	菲律宾	15	1	0	0	0	1
36	乌兹别克斯坦	2	1	0	0	0	1
42	亚美尼亚	3	0	0	0	0	0
42	巴巴多斯	2	0	0	0	0	0
42	孟加拉国	3	0	0	0	0	0
42	智利	7	0	0	0	0	0
42	哥斯达黎加	2	0	0	0	0	0
42	克罗地亚	4	0	0	0	0	0
42	牙买加	4	0	0	0	0	0
42	卢森堡	1	0	0	0	0	0
42	墨西哥	4	0	0	0	0	0
42	纳米比亚	8	0	0	0	0	0
42	沙特阿拉伯	4	0	0	0	0	0
42	南非	23	0	0	0	0	0
42	赞比亚	1	0	0	0	0	0

注：按照世界技能组织的规则，团体总分按金牌 4 分、银牌 3 分、铜牌 2 分、优胜奖 1 分计算。

2022 年世界技能大赛特别赛中国代表团奖牌榜

奖牌	选手	项目	选手所在单位及身份	主办城市
金牌	吴鸿宇	数控车	广东省机械技师学院学生	德国莱昂贝格
	周楚杰	数控铣	广东省机械技师学院学生	德国莱昂贝格
	李德鑫	家具制作	江西环境工程职业学院教师	瑞士巴塞尔
	邵茹鹏	精细木工	上海市城市科技学校教师	瑞士巴塞尔
	顾俊杰	印刷媒体技术	上海出版印刷高等专科学校教师	瑞士阿劳
	杨书明	移动应用开发	广州市工贸技师学院教师	韩国高阳
	罗　凯	3D 数字游戏艺术	深圳技师学院教师	韩国高阳
	陈新源	云计算	深圳技师学院教师	韩国高阳
	李小松	光电技术	重庆电子工程职业学院学生	日本京都
	陈智勇	可再生能源	广东省技师学院学生	日本京都
	刘泽龙	电子技术	广东省技师学院教师	瑞士伯尔尼
	马宏达	抹灰与隔墙系统	浙江建设技师学院学生	法国波尔多
	侯坤鹏 唐高远	移动机器人	漯河技师学院学生	法国波尔多
	王　珮	美容	重庆城市管理职业学院职工	芬兰赫尔辛基
	董　青	时装技术	湖南工艺美术职业学院教师	芬兰赫尔辛基
	朱　珂	货运代理	上海第二工业大学学生	奥地利萨尔茨堡

续表

奖牌	选手	项目	选手所在单位及身份	主办城市
金牌	姜雨荷	化学实验室技术	河南化工技师学院学生	奥地利萨尔茨堡
	蒋昕桦	重型车辆维修	宁波技师学院教师	奥地利萨尔茨堡
	余守安	电气装置	江苏省盐城技师学院学生	奥地利萨尔茨堡
	伍远州	砌筑	中建五局高级技工学校教师	奥地利萨尔茨堡
	姜 昊	工业控制	铁岭技师学院教师	奥地利萨尔茨堡
银牌	林伟桐	增材制造	广东省机械技师学院学生	德国索斯特
	张洪豪	信息网络布线	天津市电子信息技师学院教师	日本京都
	沈文青	美发	杭州轻工技师学院高级技师	芬兰赫尔辛基
铜牌	梁 俊	网站设计与开发	上海第二工业大学学生	韩国高阳
	郑旭升	CAD 机械设计	广州市工贸技师学院教师	法国波尔多
	吴怡欣	健康与社会照护	上海健康医学院教师	法国波尔多
	张阳光 刘锦豪	混凝土建筑	郑州商业技师学院教师	奥地利萨尔茨堡
优胜奖	王纵横	木工	黑龙江林业职业技术学院教师	瑞士巴塞尔
	欧阳婉青	平面设计技术	深圳技师学院教师	瑞士阿劳
	王旭政	商务软件解决方案	邢台技师学院教师	韩国高阳
	黄金强	网络系统管理	广州市工贸技师学院教师	韩国高阳
	杨灵芝	花艺	上海农林职业技术学院职工	芬兰赫尔辛基

各团组总结

赴瑞士参赛团

赴瑞士参加 2022 年世界技能大赛特别赛情况

应瑞士技能组织邀请，2022 年 10 月 6 日至 27 日，人力资源社会保障部职业能力建设司刘康同志率中国代表团赴瑞士巴塞尔、阿劳和伯尔尼市，参加了 2022 年世界技能大赛特别赛瑞士赛区 6 个项目的比赛。代表团由人力资源社会保障部职业能力建设司、国际合作司、国际交流中心有关人员和 6 个项目的专家、选手、翻译组成，共 23 人。

一、基本情况

经世界技能组织全体大会决定，2022 年 9 月至 11 月在 15 个国家和地区的 26 个城市分散举办 2022 年世界技能大赛特别赛，共 62 个比赛项目。该赛事为世界技能大赛正式比赛，作为 2022 年上海第 46 届世界技能大赛替代活动。我国共派出 36 名选手赴瑞士、 德国、法国、芬兰、韩国、日本、奥地利参加 34 个项目的比赛。 瑞士此次承办了 14 个比赛项目，是承办赛项最多的国家，中国代表团参加了家具制作、精细木工、木工、印刷媒体技术、平面设计技术、电子技术 6 个比赛项目，分别在巴塞尔、阿劳、伯尔尼举行。经过激烈竞技，中国代表团在瑞士参赛的 6 个项目上，共获得 4 枚金牌和 2 个优胜奖。其中，中国选手李德鑫获得家具制作项目金牌，邵茹鹏获得精细木工项目金牌，这是中国代表团在此次世界技能大赛特别赛上最先获得的金牌，也是中国选手自参加世界技能大赛以来在木工类项目上首次获得的金牌；顾俊杰获得印刷媒体技术项目金牌，这是我国首次获得该项目金牌；刘泽龙获得电子技术项目金牌，实现了中国选手蝉联该项目金牌的梦想；王纵横、欧阳婉青分别获得木工、平面设计技术项目优胜奖。

世界技能大赛特别赛是在世界技能组织宣布第 46 届世赛因疫情原因取消后，在短短 4 个月的时间里通过发动各成员、合作伙伴等利益相关方共同筹办举行的。一是方式特别。改变集中办赛模式，由世界技能组织牵头，在亚洲、美洲、欧洲的 15 个国家和地区的 26 个城市分散举办，仅瑞士就分散在 6 个城市举办，举办时间跨度从 2022 年 9 月一直延续到 11 月。二是时间特别。赛前，《关于加强新时代高技能人才队伍建设的意见》正式发布，我们更加坚定了要在世赛上获得优异成绩的信念；首批赛项闭幕公布成绩，正值党的二十大召开之时，我们以实际行动和首金战绩为二十大献礼。

赴瑞士参赛团是此次中国代表团 7 个团组中启程和参赛最早、组织管理最复杂的团组，6 个参赛项目分散在 3 个城市，且比赛时间不统一，赛场开放程度不统一。为此，团组采取统一组织、分散实施的模式，提高了工作效率，取得了良好效果。一是加强团组管理。刘康司长作为团长，赛前多次组织研究团组出行、保障、应急预案等工作；比赛期间，每天都组织研究比赛形势和工作安排。为确保各项目顺利参赛，团组制定了工作手册。由于分散组团，各项目出发和返程时间不同，比赛时各项目开始及结束时间也不一致，为了及时传递信息，我们提前建立了微信群，借助微信群及时发布消息、通知事项、了解进展，提高了工作效率，确保了各方面信息及时上传下达。同时，对上海、广东、深圳相关院校保障团队明确提出加强疫情防控，为选手提供必要的技术支持和生活保障等方面的要求。二是加强赛场巡查。比赛期间，团长带着工作人员每天都会进行赛场巡查，向参赛的项目专家、翻译、选手了解情况，查找问题，及时指导，确保比赛有序进行。两地同时比赛时，工作人员会分成两路，分别巡视指导对应赛场。三是加强工作宣传。按照工作计划，做好启程、开赛、比赛、闭幕及赛后等各个环节的宣传工作，特别是第一时间将获得首金的消息通过宣传组传递给各大媒体，并在党的二十大召开前及时发布，鼓舞了整个中国代表团的参赛士气。积极协调新华社驻日内瓦记者站等媒体机构，做后续深入宣传报道，扩大了此次参赛的影响。

二、收获和体会

此次参加世赛特别赛由于分散办赛，各赛区开赛和结束时间不一，比赛成绩陆续公布，在社会上形成了一波接一波的宣传声势，这对于扩大赛事影响、持续营造技能成才和技能报国的社会氛围产生了积极效果。在参赛过程中，通过与相关国家和地区的交流，我们深刻感受到世界技能大赛对我国技能人才工作的积极影响。一是大幅提升我国在国际技能领域的影响力。加入世界技能组织并参加世界技能大赛，为我国提供了学习借鉴职业技能领域世界先进标准和理念的平台，同时，由于我国屡创佳绩，各国与我国深化职业技能领域交流合作的意愿日益强烈，我国以“技能”为纽带的“朋友圈”不断扩大。比赛期间，我国代表团与世界技能组织竞赛委员会主席、瑞士技能组织行政代表均进行了友好交流，并在阿劳考察了承办赛事的行业培训中心。二是全面带动我国技能人才队伍建设。绝大多数参赛选手是技校和职校的学生，他们在世界技能大赛上摘金夺银，深刻印证了“三百六十行，行行出状元”的道理，有利于增强广大青年技工的获得感、自豪感、荣誉感，也将激励更多青年选择职业技能工作，进而带动职业教育培训事业的发展，加快建设知识型、技能型、创新型劳动者大军。三是有效提高我国职业技能竞赛工作能力和水平。通过参加世界技能大赛特别赛，可以学习借鉴其办赛理念、模式和标准，对于提高我国职业技能竞赛办赛水平，广泛开展竞赛活动，特别是对进一步办好 2026 年第 48 届世界技能大赛具有积极意义。

总结回顾特别赛参赛历程，我国选手能够取得优异成绩，一是得益于各级领导的高度重视。党中央、国务院高度重视技能人才队伍建设，为我们做好工作指明了方向。习近平总书记多次对技能人才工作、职业技能竞赛工作作出重要指示批示，给广大技能人才以极大鼓舞。人力资源社会保障部党组高度重视世赛工作，时任部长周祖翼对参赛工作提出明确要求，汤涛副部长亲自为代表团送行并密切关注代表团动态，这些都给全体团员增添了动力。二是得益于科学选拔集训备赛。本届参赛选手都是通过第一届全国职业技能大赛遴选出来，又经过多年集训培养出来的，集训过程中，各集训基地强化选手心理、意志、体能和外语训练，提高选手综合素质。通过这些措施，我们对世界技能大赛理念、标准、规则的理解更加全面和准确，人才培养工作能力不断提升，训练方法更加科学、有效，为取得优异成绩打下了坚实基础。三是得益于全团共同努力，特别是选手的奋勇拼搏。代表团工作人员全力保障参赛工作，来自上海等地相关院校的保障团队也提供了必要的参赛保障。专家、翻译认真履行职责，各位选手倍加珍惜此次参赛机会，赛中沉着冷静、顽强拼搏、发挥出色。几乎所有选手都拼到比赛最后一刻，精细木工项目选手邵茹鹏在比赛最后 5 分钟不慎划伤手掌，血染赛场，但他没有因此终止比赛，而是选择了“血拼”到最后一秒。比赛期间，中国代表团没有发生任何争议或违规现象，干净利落、公平公正地完成比赛，展现了良好的精神风貌和过硬的综合素质。

在总结成绩的同时，通过与团员的交流，我们也认识到，尽管我们取得了不错的成绩，但仍有许多需要改进和提高的地方。一是现有的选手选拔、集训方式需要改进完善。二是我国在世界技能组织的参与度不够，话语权不大。三是我国专家的外语水平总体偏低，与其他国家和地区的专家交流不充分；个别项目选手综合素质不高，参赛水平提升空间较大。四是赛前技术分析需要进一步提高精准度。

三、下一步工作建议

本次世界技能大赛特别赛瑞士赛区的比赛取得了优异成绩，实现了为党的二十大献礼的目标，这对于进一步提升全社会对技能人才的重视与认可、全面加强技能人才队伍建设将起到极大的促进作用。下一步，建议做好以下工作。

（一）全面总结世界技能大赛特别赛参赛工作

一是印发表扬决定，表扬获奖选手及其技术专家团队和为参赛工作作出突出贡献的先进单位及个人。同时，研究提出“国家最佳奖”人选。二是召开世界技能大赛特别赛参赛总结大会，认真总结参赛经验，分析查找问题和不足，研究改进对策。三是以人力资源社会保障部名义向为中国代表团参赛给予支持和帮助的相关部委、驻外使领馆、新闻媒体单位、获奖选手所在省致感谢信。

（二）推进第二届全国职业技能大赛和第 47 届、48 届世界技能大赛有关工作

一是会同天津市做好第二届全国职业技能大赛筹办工作。重点是做好项目确定、组委会人员调整、明确职责分工、建设官方网站、启动宣传预热等工作。二是做好第 47 届世界技能大赛选拔集训等工作。三是会同上海市和有关部门，认真谋划做好第 48 届世界技能大赛筹办工作。

（三）认真做好世界技能大赛相关基础工作。一是研究制定全国职业技能竞赛管理办法、社会赞助世界技能大赛参赛工作管理暂行办法等政策制度。二是推动世赛成果转化，指导各地、各有关行业部门、企业和技工院校全面了解和掌握世界技能大赛技术标准、比赛规则和工作流程，将其转化为技能人才培养标准，并在职业技能提升行动、职业技能竞赛和技工院校教学中加以推广运用。三是扩大世界技能大赛影响，吸引更多的中国企业通过多种形式参与世界技能大赛有关工作，提高世界技能大赛在中国企业中的影响力。

（四）全面加强宣传工作

抓住世界技能大赛特别赛取得优异成绩的契机，加大宣传力度，营造劳动光荣、技能宝贵、创造伟大的社会风尚，激发全社会对技能的重视和认同，激励全国广大劳动者特别是青年劳动者走技能成才之路。一是通过组织世界技能大赛先进事迹报告会，开展中国青年技能营、技能中国行等活动，加大对获奖选手及其技术专家团队、集训基地的宣传力度。二是组织编写《2022 年世界技能大赛特别赛参赛实录》《媒体眼中的 2022 年世界技能大赛特别赛》《奖牌背后的故事》等书籍。三是根据中央和地方媒体的采访需求，全力支持各类媒体围绕世界技能大赛制作主题节目，在全社会宣传世界技能大赛，形成持续社会影响力。

赴瑞士参赛团团组人员名单

姓名	性别	工作单位	项目	职务（职称）
刘　康	男	人力资源社会保障部职业能力建设司		团长
翟　涛	男	人力资源社会保障部职业能力建设司		领队
李　敏	女	人力资源社会保障部国际交流中心		观察员
韩　萌	女	人力资源社会保障部社会保险事业管理中心		联络员
祝颖华	女	上海市人力资源和社会保障局		观察员
刘晓红	女	退休	家具制作	专家
王西银	男	山东劳动职业技术学院	家具制作	翻译
李德鑫	男	江西环境工程职业学院	家具制作	选手
余继宏	男	东华大学	精细木工	专家
罗占华	女	中建五局高级技工学校	精细木工	翻译
邵茹鹏	男	上海市城市科技学校	精细木工	选手
张志刚	男	黑龙江林业职业技术学院	木工	专家
马　丽	女	湖北东风汽车公司技师学院	木工	翻译
王纵横	男	黑龙江林业职业技术学院	木工	选手
李不言	男	上海出版印刷高等专科学校	印刷媒体技术	专家
岳颖琳	女	航空工业昌河飞机工业（集团）有限责任公司	印刷媒体技术	翻译
顾俊杰	男	上海出版印刷高等专科学校	印刷媒体技术	选手

续表

姓名	性别	工作单位	项目	职务（职称）
徐伟雄	男	深圳技师学院	平面设计技术	专家
高敬宙	男	邢台技师学院	平面设计技术	翻译
欧阳婉青	女	深圳技师学院	平面设计技术	选手
黄　鑫	男	广东易工厂科技有限公司	电子技术	专家
彭　兴	男	重庆五一高级技工学校（重庆五一技师学院）	电子技术	翻译
刘泽龙	男	广东省技师学院	电子技术	选手

赴德国参赛团

赴德国参加 2022 年世界技能大赛特别赛情况

应德国技能组织邀请，2022 年 10 月 6 日至 21 日，中国代表团赴德国莱昂贝格和索斯特，参加了 2022 年世界技能大赛特别赛数控车、数控铣和增材制造 3 个项目的比赛，取得 2 金 1 银的优异成绩，实现了安全参赛、再创佳绩的既定目标。

一、基本情况

（一）团组情况

中国代表团赴德国参赛团共 13 人（含中共党员 7 名），中国就业培训技术指导中心副主任、一级巡视员袁芳同志任团长、临时党支部书记，选手 3 名，技术指导专家 3 名，翻译 3 名，工作人员 3 名（含上海世赛执行局 1 人）。团组内设综合协调组、外事组、技术工作组、保障服务组和新闻宣传组，分别由工作人员和 1 名专家牵头负责，其余专家和翻译配合开展工作。

由于3个项目比赛时间交错且分处两地，参赛团采取集体出发、分散参赛、集体返回形式管理，在莱昂贝格参加数控车、数控铣比赛项目，在索斯特设分团，由上海世赛执行局同志带队参加了增材制造比赛项目。

尽管参赛团在组团和参赛过程中遇到签证申请困难、专家临时调整、比赛日程确定较晚、新冠肺炎疫情形势复杂且回程航班熔断等问题，但在人力资源社会保障部领导的亲切关心和支持下，在部内各工作组、相关司局及各方的大力指导和帮助下，全团坚定信心、团结一致，及时向部内各工作组请示汇报，积极与世界技能组织、德国赛事主办方和我国驻外使领馆联系沟通，克服困难，妥善解决了有关问题，顺利完成参赛目标任务。回国防疫隔离监测期间，参赛团结合学习党的二十大精神对参赛工作进行了总结，并深入思考、交流体会，提出了工作建议。

（二）技术工作情况

1. 德方办赛情况

来自世界技能组织26个成员国家和地区的47名选手参加3个项目的比赛，竞争较为激烈。其中，参加数控车项目比赛的有21名选手，参加数控铣项目比赛的有22名选手，参加增材制造项目比赛的有4名选手。

此次特别赛虽然筹备时间短、办赛地点分散，但整体赛事组织安排中有很多值得肯定和借鉴之处。一是赛事组织规范有序。比赛虽然分散在两个小城市的企业培训中心和学校举办，但均按世界技能组织正式比赛标准安排。竞赛组织严谨有序、开（闭）幕式亲切简朴。世界技能组织秘书处与德国技能组织、赛事承办方紧密协作，人员精简高效。没有出现影响比赛的安全事故和争议，整个比赛如期顺利完成。二是赛事保障务实到位。赛前发布参赛手册，根据当地条件尽力提供便捷的场地、设备、住宿、交通、防疫和媒体采访等安排，保障人员随时到位。场内主要出入口配有手部消毒液，保洁人员定期清洁，整体卫生状况良好。三是比赛国际环境良好。世界技能组织秘书处派专人现场监督指导，营造和谐友好的比赛氛围，展现世界技能发展理念。德国技能组织作为主办方积极协调参赛团办理签证，全力支持赴德国参赛。特别是世界技能组织合作伙伴德马吉森精机公司，作为莱昂贝格比赛承办方，在开幕式上，特别用中英文对中国为承办第 46 届世界技能大赛所付出的努力表示感谢，也对中国代表团能到“小地方”参赛表示感谢和欢迎。

由于此次特别赛与往届世界技能大赛不同，一些因素也对赛事组织和参赛产生影响。例如，比赛场地分散且面积有限、工位不足，部分设备陈旧或普适性不高，有些项目技能管理人员缺席或专业化管理水平参差不齐。

2. 我国参赛情况

在全团和各方共同努力下，参赛团克服赛事组织安排中的不利因素，以顽强的毅力和稳定的发挥顺利完成了比赛，取得了较好的成绩，主要体现在四个方面。一是传统优势项目继续领跑，新项目表现亮眼。参赛选手意志坚强、沉着冷静，及时应对赛场上的突发情况和调整变化，数控铣项目实现“四连冠”，数控车项目蝉联金牌，增材制造项目我国首次参赛就获得银牌。二是专家参与项目管理力度逐步加大，工作表现获得认可。数控车项目专家有多届参赛经验，作为技能管理团队改革试点，此次担任专家小组长，承担了部分管理职责。增材制造项目专家作为本届新项目副首席专家，专业水平和敬业态度也获得认可。数控铣项目专家是第 44 届世界技能大赛金牌选手，也是本届选手的教练，虽是临时替补参赛，但能积极主动担当、深入思考，经受了锻炼，提升了实战经验和水平。我国世界技能大赛专家经过锻炼不断成长，陆续加入技能管理团队。往届年轻选手参与世界技能大赛专家工作，也为专家梯队建设提供了实践探索。三是翻译努力发挥桥梁作用，成为专家和选手的助手。虽然 3 个项目试题对翻译依赖程度不同，且翻译在赛前不到 3 个月才明确参赛项目，受新冠肺炎疫情影响直接参与线下集训时间不长，但是在赛场内外充分发挥了辅助专家工作、帮助选手排忧解难的作用。四是参赛团团长作为我国在世界技能组织的技术代表，就参赛项目出现的情况积极与世界技能组织秘书处等协调沟通，协助妥善应对解决相关问题；及时为在他国参赛的中国代表团提供技术建议和支持；按世界技能组织分工担任此次特别赛数控铣项目竞赛委员会代表，在缺少项目技能顾问的情况下，和泰国技术代表一道与技能竞赛经理协同工作，确保竞赛规则和竞赛委员会的决定得以遵循和执行。

（三）疫情防控情况

新冠肺炎疫情防控是本次参赛的“特别”工作。参赛团按照人力资源社会保障部领导的指示，严格执行防疫工作方案要求。一是赛前提前了解德国参赛地情况，组织全团学习防疫要求，制定应对方案并补充准备防疫物资。二是赛中把握重点环节，对就餐、乘车和聚集性活动风险点位进行研判，及时了解项目内其他国家和地区参赛人员健康状况，提醒全团提高疫情防范意识，加强个人防护，时刻不松懈。三是回程航班熔断后，参赛团积极协调我驻外使领馆，听取意见建议，研究预案并确定了返程航班，完成核酸检测，在回程航班上全程做好防护工作。入境后，在天津市人力资源和社会保障局的大力协调支持下，落实通关、转运过程中的疫情防控措施，按要求严格做好集中隔离期间的健康监测。期满后，全团安全返回各自驻地。

（四）宣传工作情况

在人力资源社会保障部宣传中心的指导下，参赛团严守宣传纪律和工作制度，严把宣传口径，充分了解媒体采访规定和需求，提前做好准备。团内做好分工、压实责任，在保证不违反竞赛规则、不影响选手比赛的前提下做好宣传工作。一是预先沟通做好规划。由于比赛场地不对外开放，代表团在赴德国之前向主办方发送邮件，了解对媒体采访的要求，在现场反复沟通确认，及时向媒体反馈并提醒其遵守相关规定。媒体按要求精准、高效、及时地开展了拍摄和采访工作。二是宣传规格高，除人民日报、新华社和中新社的三家中央媒体驻德国办事处外，又努力争取到央视柏林站的特别支持。三是两地联动，持续发力。两地报道同时进行，多层次、有重点地做好开（闭）幕式、比赛现场拍摄报道。赛后组织获奖选手、专家和选手选派单位接受工人日报、技能中国等媒体采访，协调保障团积极做好省级、校级各类宣传的组织和推动工作，持续营造技能成才舆论氛围。

（五）保障工作情况

由于两地比赛交错进行，团内工作人员数量少且分散，保障工作面临较大压力。全团人员积极担当作为，多方协调，妥善解决了选手饮食不适应和团队用车等问题。广东省机械技师学院院长及 3 个项目的教练一行 4 人在比赛期间前往两地赛场，配合参赛团为选手提供了及时、周到的技术支持和后勤保障。

二、收获和体会

此次特别赛是世界技能大赛在新冠肺炎疫情全球流行情况下，首次分散在 15 个不同的国家和地区举办，即使在德国同一个国家，举办地也有分散，赛事的组织形式、竞赛规则都有所调整，对参赛工作提出更高要求。回顾整个参赛经历，我们感到能够实现参赛既定目标，主要得益于以下五方面因素。

（一）得益于各级领导高度重视

党中央、国务院高度重视技能人才队伍建设，为我们开展各项工作指明了方向，提供了遵循。比赛期间，党的二十大胜利召开，习近平总书记在二十大报告中强调，要“建设现代化产业体系，推进新型工业化”，要“加快建设制造强国、质量强国”“深入实施人才强国战略”，让全团上下备受鼓舞。人力资源社会保障部党组高度重视参赛工作，时任周祖翼部长多次就参赛工作作出明确指示和部署；汤涛副部长在备赛、参赛的不同阶段开展多次专项研究，实时了解比赛情况，亲自指导参赛工作，出面解决困难和问题；其他部领导、相关工作组也都通过不同方式对参赛各项工作给予大力指导、支持和帮助。

（二）得益于我国高技能人才队伍建设不断加强

近期，《关于加强新时代高技能人才队伍建设的意见》正式发布，从加大高技能人才培养力度、完善技能导向的使用制度、建立技能人才职业技能等级制度和多元化评价机制、建立高技能人才表彰激励机制等方面，擘画出做好新时代高技能人才队伍建设工作的行动指南。技能人才政策措施的不断完善，吸引了更多青年走技能成长之路，也为优秀青年技能人才脱颖而出创造了条件。各地积极响应并不断增加对高技能人才培养的投入。各技工院校大力推进校企结合、工学一体化技能人才培养模式，不断把世赛标准引入教育教学中，不断提升技能人才培养质量。这些人才储备为我国参赛和取得优异成绩提供了基础和有力支撑。

（三）得益于科学备赛

2020 年，结合第一届职业技能大赛选拔出集训选手，客观公正地遴选技术指导专家，科学开展训练。在上海世界技能大赛宣布取消后，将办赛的技术储备迅速转移到特别赛备赛参赛中。动态开展多次技术分析，克服新冠肺炎疫情影响，及时进行线上调度，掌握集训情况。组织部分项目开展线上对外技术交流活动，并与一些发展中国家进行有针对性的技术交流，为取得优异成绩、带动发展中国家共同进步、营造良好的国际环境打下了基础。

（四）得益于强有力的组织保障

赛前，人力资源社会保障部领导就参赛工作反复研究、有力部署。人力资源社会保障部职业能力建设司统筹协调成立了中国代表团综合、外联、技术、保障和宣传五个工作小组，各组分别就相关工作提出了总体原则和具体要求，为各分团出国参赛提供了支持和指导。参赛期间，代表团严格落实总体要求，保障团各司其职、协同配合、步调一致，精心做好住宿、就餐和车辆安排等工作，全方位做好后勤保障服务。同时，保持前方与后方的及时沟通对接，做好每日动态报送等工作，特别是在团组遇到回程航班熔断情况时，后方迅速反应、积极协调、妥善处理，解决了前方的后顾之忧，让前方能心无旁骛、专心致志地投入比赛。

（五）得益于参赛团内每位成员的努力

临时党支部充分发挥战斗堡垒作用，加强对各项工作的组织领导和统筹协调。党员冲锋在一线，积极和团员沟通思想、加油鼓劲。索斯特参赛分团独立运行，克服了分散参赛、两地距离远等多方面困难。选手们在赛前克服困难、刻苦训练，在比赛中不畏强手、顽强拼搏。专家、翻译、教练密切配合、齐心协力，观察选手比赛情况，研判比赛形势，对选手进行针对性的技术指导，竭尽全力完成各项赛事工作。团内分工明确、相互配合，为选手参赛创造一切有利条件，为完成参赛目标任务提供了有力支持。

三、下一步工作建议

（一）做好特别赛总结工作，适时完成世赛周期转换

一是认真总结特别赛参赛经验，分析查找问题不足，研究改进对策措施。二是做好相应

宣传工作，形成持续社会影响力。三是适时启动第 47 届世界技能大赛备赛工作，做好第二届中华人民共和国职业技能大赛筹办工作。

（二）加强统筹规划，完善政策制度建设

一是加强全国职业技能竞赛管理办法等政策制度研究，进一步规范职业技能竞赛活动。二是加强对世界技能大赛参赛管理研究，完善相关办法。三是推动世界技能大赛成果转化，带动技工院校相关专业建设和培训工作，推动我国职业教育和高技能人才培养高质量发展。

（三）做好世界技能大赛相关基础工作

一是加强对世界技能大赛前瞻性的研究，加强国际交流合作。二是完善国内选拔训练技术规则规范等建设，为公平公正选拔、科学有效训练提供依据和指导。三是关注新产业、新技能发展趋势，为适应产业发展和我国在后续世界技能大赛中提出新的竞赛项目做好技术储备、奠定发展基础。

赴德国参赛团团组人员名单

姓名	性别	工作单位	项目	职务（职称）
袁　芳	女	中国就业培训技术指导中心		团长
李　晔	男	上海市职业技能鉴定中心		观察员
朱　丹	女	中国人力资源和社会保障出版集团		领队
曾燕琳	女	中国就业培训技术指导中心		联络员
吴鸿宇	男	广东省机械技师学院	数控车	选手
宋放之	男	北京航空航天大学	数控车	专家
李晓洁	女	藤仓（中国）有限公司	数控车	翻译
周楚杰	男	广东省机械技师学院	数控铣	选手
杨登辉	男	广东省机械技师学院	数控铣	专家
龙劲诚	男	广西机电技师学院	数控铣	翻译
林伟桐	男	广东省机械技师学院	增材制造	选手
陈　娟	女	安徽马鞍山技师学院	增材制造	专家
田　坤	女	铁岭技师学院（辽宁工程职业学院）	增材制造	翻译

赴韩国参赛团

赴韩国参加 2022 年世界技能大赛特别赛情况

根据人力资源社会保障部统一安排，我国代表团赴韩国参赛团一行 25 人于 2022 年 10 月 9 日至 19 日赴韩国京畿道高阳市参加 2022 年世界技能大赛特别赛，经过全体团员共同努力，较好地完成比赛任务，并如期安全回国。

一、基本情况

韩国赛区比赛由世界技能组织和韩国产业人力公团（世界技能组织韩国组委会）联合主办。比赛于 2022 年 10 月 13 日至 16 日举行，共设 8 个比赛项目，其中信息与通信技术类项目 7 个、创意艺术与时尚类项目 1 个，来自世界技能组织 34 个成员国家和地区的 130 余名选手参加了比赛。6 名中国选手分别参加了移动应用开发、商务软件解决方案、网站设计与开发（网站技术）、网络系统管理、3D 数字游戏艺术和云计算 6 个项目的角逐。主要参赛收获如下。

（一）参赛成绩可喜可贺

韩国赛区参赛项目非我国传统优势项目，从历届参赛成绩看没有获得过金牌。6 名年轻选手在赛场上不畏强手，沉着应战，奋力拼搏，最终取得了较好成绩，实现了我国在多个项目上的历史性突破：广州市工贸技师学院杨书明获得移动应用开发项目金牌，成为我国该新项目首个金牌获得者；深圳技师学院罗凯和陈新源分别获得 3D 数字游戏艺术项目、云计算项目金牌，实现我国在这两个项目上金牌零的突破；上海第二工业大学梁俊获得网站设计与开发（网站技术）项目铜牌，实现我国在该项目上奖牌零的突破；邢台技师学院王旭政和广州市工贸技师学院黄金强分别获得商务软件解决方案项目和网络系统管理项目优胜奖。成绩的取得充分体现了与我国作为世界第二大经济体与制造大国地位相吻合的竞技实力，也展现了我国青年技能人才的风采和水平。

（二）疫情防控措施有力有效

面对韩国日均新增新冠肺炎确诊病例 3 万人的严峻形势，全体团员牢固树立风险防范意识，自觉落实防疫主体责任，严格执行各项防疫措施。团组想细想全想到万一，因地制宜做好疫情防控工作，实现了全团“零感染”。

（三）宣传报道有声有色

参赛团认真落实特别赛宣传方案要求，积极协调新华社、人民日报、中国新闻社等中央媒体驻韩国记者赴赛场采访我国专家、选手，开展赛事报道；及时向人力资源社会保障部后方提供宣传报道素材，协调国内媒体对韩国赛区项目选手等开展深度持续报道。央视《共同关注》《24 小时》《东方时空》、央视新闻客户端、新华网、新华社、人民网、光明网、中国新闻网、中国经济网等 334 家媒体和网站发布相关报道或解读。网民为选手们纷纷点赞，为选手的奋斗拼搏精神感动，认为中国技能人才正在互联网技术等高精尖领域崛起。通过宣传报道，较好地扩大了世界技能大赛特别赛的公众知晓度，为在全社会弘扬工匠精神、吸引更多青年走技能成长成才之路营造了良好的舆论氛围。

（四）外事处理有礼有节

全体团员始终牢记使命，严格遵守外事、赛事等纪律要求，未出现违纪违规问题，全员按时回国。本着有礼有节、有理有据原则，对赛场突发事件与有关方面积极沟通，妥善处理，既树立了中国代表团的良好形象，又维护了国家和选手的正当权益。

（五）对外交流广泛深入

全体团员十分珍惜此次参赛机会，将特别赛作为对外学习交流的重要平台，积极与各参赛国家和地区的官员、专家、选手、翻译等沟通交流，探讨项目技术问题，交换徽章，分享比赛感受，展示中国代表团良好形象。参赛团先后与世界技能组织、韩国技能组织，以及新加坡、中国台湾和中国香港等代表团进行交流，了解世界技能大赛选手选拔、训练备赛等做法。上海执行局同志用心观察观摩主办方在赛场布置、赛事组织等相关做法，为举办上海世界技能大赛积累经验。

二、收获和体会

本次特别赛，全体团员牢记嘱托，坚定信心不动摇，实现了参赛成绩和疫情防控双丰收。认真总结，主要有以下体会。

（一）党和国家的重视和支持是取得佳绩的根本保证

近年来，党和国家就加强高技能人才培养工作作出了一系列决策部署，为世界技能大赛工作指明了方向，提供了制度保障。人力资源社会保障部党组高度重视本次特别赛，精心部署、周密安排。部领导密切关注比赛进展，多次致电关心团组安全和身体健康。部党组强有力的领导和亲切关心极大地鼓舞和温暖着全体团员，激励选手全力以赴投入比赛，争创佳绩。

（二）科学的世界技能大赛选拔培训体系是取得佳绩的技术保障

特别赛是对我国世界技能大赛选手选拔培养模式和培养效果的一次检验。目前，我国已经形成较为科学的选手梯队建设和集训培养方法，集训机制有利于选出优秀的选手，提升竞赛项目国内整体水平，同时多集训基地的设置还有助于充分利用各地的训练环境、软硬件资源和师资力量，保障集训效果。实践证明，选手们几年如一日的高水平刻苦训练，不仅提高了竞技水平，也锻炼了意志品质和身体素质，这是比赛取胜的关键。

（三）团结奋斗、敢于斗争是取得佳绩的重要基础

世界技能大赛不仅比拼选手的专业能力，也比拼团队的通力合作能力。代表团工作人员均无赴外参赛经历，大多数团员是第一次参加世界技能大赛，大家本着为国争光的共同目标，始终发扬团结奋斗精神，心往一处想，劲往一处使，有事一起商，每天晚上交流、分析当日比赛情况和次日注意事项，保证各项赛事活动顺利推进。

（四）各方支持协作是取得佳绩的重要因素

本次特别赛形式特殊，组织工作复杂，各方积极支持、密切协作是参赛团取得佳绩的重要因素。上海、广州和深圳 3 个保障团紧盯比赛进程，及时关注选手状态，加强技术指导，做好后勤保障。新华社、人民日报、中国新闻社对本次特别赛宣传报道给予高度重视，协调安排驻韩记者多次赴赛场进行赛前、赛中和赛后的采访报道，及时宣传韩国赛区赛事赛况和技能选手风采。我国驻韩大使馆派专人与参赛团联系，关心赛程进展，提供回国便利手续。武汉边检开设专门的绿色通道，欢迎选手们凯旋，让选手们一踏进国门就感受到浓浓的暖意。中国旅行社为赴韩国参赛团行前集合、在韩期间以及返程回国设计了周密的计划和安排，保证参赛团顺利参赛、平安返回。

三、下一步工作建议

（一）更加注重深度参与世界技能组织

大力培养并积极向世界技能组织输送国际化人才，结合经济社会发展，积极申报新的竞赛项目，为深度参与世界技能大赛规则制定、提高我国话语权奠定人才和技术基础。更加积极主动参与世界技能组织开展的相关活动，加强全方位沟通交流，提高我国在世界技能组织中的影响力。

（二）更加注重强化选手综合能力

从韩国赛区的情况看，3D 数字游戏艺术、网站设计与开发（网站技术）、网络系统管理等多个项目比赛内容和比赛形式与往届相比发生较大变化，考察范围更加广泛、更加灵活，

对选手的综合素质、临场应变能力要求很高。多位专家认为，这将成为未来比赛的趋势，建议扩大选手选择范围，加强项目对外交流，及时全面获取竞赛规则、评分标准设置等相关信息，加大自主探究类题型训练力度。

（三）更加注重参赛人员英语训练

目前，翻译仍是支持保障选手、专家参加国际比赛的重要力量。专家建议进一步提高翻译人员选拔标准，对入选翻译库的人员采取多种措施，加强世界技能大赛适应性语言训练。同时，随着世界技能大赛翻译制度改革的推进，选手语言能力提高应提上更为重要的日程，集训期间同步加强对选手口语、专业用语等培训。

（四）进一步完善世界技能大赛相关政策制度

加大对集训基地的支持力度，进一步规范集训基地运行管理制度，提高专家、教练专职化程度。加强对选手职业发展规划指导，建立选手人才库，搭建人才交流平台。为获奖选手在学历提升、职业发展和评价奖励等方面提供更有力的政策保障，同时研究制定面向专家、教练和翻译等群体的激励性政策。

赴韩国参赛团团组人员名单

姓名	性别	工作单位	项目	职务（职称）
王　瑢	女	人力资源社会保障部 人力资源流动管理司		团长
初英智	女	人力资源社会保障部宣传中心		观察员
程诗雨	女	中国就业培训技术指导中心		领队
邱德昕	男	上海市人力资源和社会保障局 执法总队		联络员
颜　兵	男	上海市人力资源和社会保障局		观察员
张育恒	男	人力资源社会保障部 职业能力建设司		观察员
方俊彬	男	暨南大学珠海校区管委会	移动应用开发	项目经理
杨书明	男	广州市工贸技师学院		选手
蔡立勋	男	天翼数字生活科技有限公司		专家
李素芳	女	中建五局高级技工学校 （长沙建筑工程学校）		翻译
工旭政	男	邢台技师学院	商务软件解决方案	选手
韩素华	女	邢台技师学院		专家
余泓达	男	贵州交通技师学院		翻译
梁　俊	男	上海第二工业大学	网站设计与开发（网站技术）	选手
张　凌	男	上海随训通电子科技有限公司		专家
段宜宏	男	云南技师学院 （云南工贸职业技术学院）		翻译

续表

姓名	性别	工作单位	项目	职务（职称）
黄金强	男	广州市工贸技师学院	网络系统管理	选手
田　钧	男	广州科技贸易职业学院现代教育技术中心		专家
林　璐	女	河南医药健康技师学院		翻译
罗　凯	男	深圳技师学院	3D 数字游戏艺术	选手
叶维中	男	上海摩意网络科技有限公司		专家
周宣含	女	广东邮电职业技术学院		翻译
陈新源	男	深圳技师学院	云计算	选手
刘　翔	男	上海工程技术大学		专家
屈丹丹	女	成都市机械高级技工学校		翻译

赴日本参赛团

赴日本参加 2022 年世界技能大赛特别赛情况

应日本技能组织邀请，2022 年 10 月 11 日至 20 日，中国代表团赴日本参赛团一行 14 人参加了日本赛区全部 3 个项目的比赛，在专家、选手、翻译和保障团队的共同努力下，获得“两金一银”的优异成绩。参赛团在日本期间遵守外事纪律，注重新闻宣传，做到了新冠肺炎“零感染”。

一、基本情况

2022 年世界技能大赛特别赛于 10 月 15 日至 18 日在日本京都举行，共设信息网络布线、光电技术、可再生能源 3 个比赛项目，其中光电技术和可再生能源两个项目是本届比赛新增项目，来自世界技能组织 15 个成员国家和地区的 22 名选手参赛。中国代表团 3 名选手参加了日本赛区所有项目的比拼。

（一）开（闭）幕式简短、节俭

10 月 12 日在平安神宫宴会厅举行了开幕式，日本厚生劳动省副部长 Yoshihiro Adachi 先生致欢迎辞，可再生能源项目专家、扬州大学朱卫军教授作为专家代表进行了宣誓，世界技能组织执行局成员林三贵先生宣布开幕。开幕式会场面积约 200 平方米，100 多人参加了开幕式，开幕式时长 45 分钟，没有各代表队入场仪式和举办国准备的表演节目。

19 日下午在京都教育文化中心举行了闭幕式，日本厚生劳动省的人才开发统括官、京都府副知事和京都市市长分别致闭幕词。而后，闭幕式上举行了颁奖仪式。会场有 400 多个座位，参加闭幕式人员有各参赛队、嘉宾和记者等，共计 200 余人。

（二）比赛车间简单实用，设施设备齐全

比赛车间设在京都劝业馆三楼，距离选手下榻的酒店约 10 公里，场地不大，布局简洁。3 个项目中只有信息网络布线项目能满足每名选手有固定工位，光电技术和可再生能源项目比赛模块需要轮换工位，分批操作。

比赛项目的门头和围栏的布置相对简单，门头上显示项目信息，围栏上有选手照片，同时每个项目都按规定展示主赞助商 LOGO。车间内部除工位区域外，还布置有供选手、专家休息的区域，并摆放饮用水和咖啡机（简易型）。

赛场内，用隔板简易搭建新闻中心、竞赛委员会办公室，能满足基本办公需求。同时，利用劝业馆现有房间，布置了卫生室和工作人员休息室。

（三）我国选手成绩斐然

日本赛区举办的信息网络布线、光电技术、可再生能源 3 个项目中，来自重庆电子工程职业学院的选手李小松获得光电技术项目金牌，来自广东省技师学院的选手陈智勇获得可再生能源项目金牌，来自天津市电子信息技师学院的选手张洪豪获得信息网络布线项目银牌。

（四）全团“零感染”实属不易

比赛期间，日本新冠肺炎疫情正处于高发流行期，参赛团成员染疫风险很大。全体团员严格执行防疫要求，每天测量体温，坚持抗原自测，全程佩戴 N95 口罩，实现了全员“零感染”

的目标。

（五）宣传工作有声有色

新华网、人民日报、光明网、央视新闻、中国新闻网、中国网、中国日报英文版等多家媒体对日本赛区的赛事和赛况进行了报道和转载。据不完全统计，国内媒体报道日本赛区的新闻有 40 多篇，阅读量 30 多万人次，相关视频受众 200 多万人。

（六）人力资源社会保障部领导和相关部门的关心给代表团极大的鼓舞和激励

在日本期间，中国驻大阪总领事馆薛剑总领事多次致电团进行慰问，使参赛团成员在国外感受到了祖国的温暖。参赛团回国当天，人力资源社会保障部汤涛副部长专门致电并慰问团员，对取得的成绩表示祝贺，给全员极大的鼓舞和激励。

二、体会和建议

（一）勤学苦练，灵活应变，产训融合，是取得成绩的基础

参赛选手是从众多优秀选手中层层选拔出来的，不仅要求具有娴熟的技术，也要具备较强的临场应变能力。此次比赛中，很多考题是选手没有见过和训练过的。为此，建议：一是专家组长带领教练组，加大对技术文件的研究，既要尽可能宽地设置训练内容，又要结合行业标准安排到企业实训，或聘请企业专家授课，切实做到产训融合；二是未来世界技能大赛竞赛内容除公开样题外，30% 内容由技能竞赛经理或第三方独立开发或调整，因此在选拔选手的“十进五”或“五进一”淘汰赛中应把考察选手赛场应变能力、心理承受能力放在首位。

（二）掌握规则，沉着应对，合理引导，是取得成绩的保证

世界技能大赛赛场上会遇到很多事前难以预料的困难，需要翻译、选手、后勤保障团队以专家为核心，各司其职，紧密配合，妥善应对克服。为此，建议：一是翻译是联系选手和专家的桥梁，不可或缺，对世界技能大赛今后是否设立翻译问题，应积极联合非英语系国家，争取对我国有利的结果；二是后勤保障团队要对样题、设备、材料变化提前验证，针对对手在规则允许范围内的限制甚至干扰应有心理准备，做好相关预案；三是中方专家应融入世界技能大赛专家群体，积极进行技术交流，争取其他专家对我国标准解读、样题实现方法的认同，

为我国选手取得良好成绩打下基础；四是应加强与其他国家和地区选手的交流，增加比赛经验，熟悉比赛规则。

（三）各司其职，各负其责，通力合作，是取得成绩的保障

赴日本参赛团根据综合协调、外事工作、技术工作、服务保障和新闻宣传工作需要，对人员进行了合理分工。有的团员身兼数职，有的经常工作到深夜。团员们克服休息不好、睡眠不足的困难，较好地完成了各自任务。在日本期间，团员严格遵守外事纪律、防疫要求和安全规范，合理安排在外期间的生活、交通、住宿，注意饮食健康和疫情防控，没有出现丢失、泄密、工作伤害、疾病等安全事故。选手们摘金夺银的背后，是专家、翻译、保障团队共同努力、协同合作、默默付出的支持。

赴日本参赛团团组人员名单

姓名	性别	工作单位	项目	职务（职称）
李征宇	男	人力资源社会保障部国际交流服务中心		团长
邹　源	女	人力资源社会保障部国际交流服务中心		领队
赵晓云	女	上海市就业促进中心		观察员
马文思	女	人力资源社会保障部国际交流服务中心		联络员
王铮宇	男	上海市人力资源和社会保障局		观察员
周渝曦	男	重庆电子工程职业学院		专家
李小松	男	重庆电子工程职业学院	光电技术	选手
张彩华	女	广东省机械技师学院		翻译
卢　勤	男	天津市电子信息技师学院		专家
曾慧姮	女	广州市工贸技师学院	信息网络布线	翻译
张洪豪	男	天津市电子信息技师学院		选手
朱卫军	男	扬州大学		专家
廖　影	男	广州市轻工技师学院	可再生能源	翻译
陈智勇	男	广东省技师学院		选手

赴法国参赛团

赴法国参加 2022 年世界技能大赛特别赛情况

应法国技能组织邀请，2022 年 10 月 12 日至 27 日，人力资源社会保障部国际交流服务中心主任、国际合作司副司长吕玉林同志率团赴法国波尔多参加了 2022 年世界技能大赛特别赛法国赛区比赛。

一、基本情况

2022 年 10 月 19 日至 22 日，特别赛法国赛区比赛在波尔多举行，来自世界技能组织 33 个成员国家和地区的 99 名选手参加了 6 个项目（5 个正式比赛项目和 1 个展示比赛项目）的比赛。中国代表团赴法国参赛团参加了 CAD 机械设计、抹灰与隔墙系统、移动机器人、健康和社会照护、数字建造 5 个正式比赛项目的比赛，获得 2 枚金牌、2 枚铜牌。其间，就 2026 年中国上海世界技能大赛筹办工作与世界技能组织、法国技能组织进行了交流。

（一）团组管理

参赛团高度重视参赛各项工作，将比赛和确保团员身体安全放在同等重要地位，制定了详尽的工作手册，召开了行前工作会议，从严从紧抓好参赛全过程管理。一是成立临时党支部。为进一步加强党建引领和思想指导作用，在法国期间，参赛团成立了临时党支部，由团长吕玉林同志担任支部书记，上海市人力资源和社会保障局副局长张岚担任支部副书记，部内工作人员、专家和翻译代表共 7 人为党员代表。在党的二十大胜利召开之际，组织党员收听、收看党的二十大开幕会，学习讨论党的二十大报告。临时党支部的成立和学习研讨活动的开展，极大地增强了全体团员的使命感和荣誉感，强化了参赛团的凝聚力和战斗力。二是明确细化工作职责。为保证各项工作有序进行，代表团设立了综合协调、外事、技术、服务保障、新闻宣传 5 个内部工作小组，统筹做好参赛团综合协调、文稿起草、外事联络、技术支持、新闻宣传以及在外期间生活、交通、餐饮、疫情防控、人身安全和应急突发事件处理等工作，确保参赛各项工作任务圆满完成。三是统筹地方保障工作。各地高度重视特别赛参赛保障工作，陕西省人力资源和社会保障厅、上海健康医学院、广州市工贸技师学院、浙江建设技师学院、漯河技师学院分别组建地方保障团赴法国提供后勤保障和技术支持。在法国期间，参赛团加强统筹协调，指导各保障团服从参赛整体工作安排，积极发挥各自作用，每日提供及时、详尽的技术支持，根据项目团队特别是选手的饮食习惯，提供饮食后勤服务，为取得优异成绩提供了有力支撑。

（二）参赛工作

法国赛区举办的 5 个正式比赛项目既有世界技能大赛传统比赛项目，也有新增比赛项目；既涉及制造业，也涉及服务业；既有传统产业项目，更有新兴技术项目。参赛团共 22 人，其中选手 6 人，专家 5 人，翻译 5 人，工作人员 4 人，上海世赛执行局 2 人。经过 4 天的激烈角逐，来自漯河技师学院的侯坤鹏和唐高远，在移动机器人项目比赛中，一路领先并最终拔得头筹，这是我国选手继第 45 届世界技能大赛获得该项目金牌后再度夺冠；来自浙江建设技师学院的马宏达，在抹灰与隔墙系统项目比赛中，稳扎稳打并最终夺冠，实现我国在该项目金牌零的突破；来自广州市工贸技师学院的郑旭升，在 CAD 机械设计项目比赛中，面对突发情况积极应对，最终摘得该项目铜牌；来自上海健康医学院的吴怡欣，在健康和社会照护项目比赛中，通过“语言交流 + 技能实操”的出色表现摘得铜牌，这是我国在该项目获得的首枚奖牌；来自西安建筑工程技师学院的贾国波，在新增项目数字建造项目比赛中，克服种种不利因素的影响，发挥出较高水平。

（三）新闻宣传

按照人力资源社会保障部领导要求，根据特别赛宣传工作安排，参赛团积极联络协调媒体记者，以法国赛区参赛为切入点，结合各赛区中国代表团参赛情况，围绕各赛区我国选手优异表现进行了宣传报道。积极协调联系央视驻法国记者站、央视法语频道、新华社驻法国记者站、人民日报驻法国记者站等中央媒体记者，赴法国赛场进行现场采访报道；主动对接工人日报、中国青年报、环球时报、上海东方卫视等国内媒体，积极提供各赛区赛场新闻素材；积极配合人力资源社会保障部宣传中心和技能中国公众号，协助国内主流媒体和自媒体对参赛选手进行采访报道。法国赛区抹灰与隔墙系统项目选手马宏达“刮腻子刮成世界冠军”的信息，更是一度冲上热搜，掀起了一波全媒体对世界技能大赛相关赛事报道的流量高潮。

二、收获和体会

这次参赛，表明了我国积极参与和推动世界技能运动的态度，也是保持与世界技能组织及其成员密切联系的良好契机，为我们进一步做好世界技能大赛工作收获了宝贵经验，也为我国筹办 2026 年世界技能大赛营造了良好的国际氛围。

（一）组团参赛并取得成绩体现了党和国家对技能人才工作的高度重视

党和国家高度重视我国参加世界技能大赛特别赛相关工作，习近平总书记两次作出重要批示。人力资源社会保障部领导密切关注比赛动态并提出工作要求。这都对参赛工作给予了强有力的支持和极大的鼓舞。参赛团凝心聚力、协作共进，选手们奋勇争先、顽强拼搏，在特别赛中取得成绩，为中国代表团暂居金牌榜第一方阵作出了应有的贡献。

（二）完备的技能竞赛体系是参加特别赛的坚实基础

近年来，我国着力推动构建具有中国特色的职业技能竞赛体系。代表团 6 名选手都是从地方赛一路比拼到国赛，并最终代表国家参加特别赛，比赛经验丰富、综合素质较高。同时，通过建立科学的训练体系，以优质的训练环境、完备的训练设施，通过线上与线下相结合、集中与分散相结合、定点与走训相结合、引进来与走出去相结合的方式，保障了选手的技能、英语、体力、心理等各方面的训练，选手参赛综合能力得到显著提升。应该说，完备的竞赛体系确保了选手的高素质、高水平，为参加特别赛打下了坚实基础。

（三）高效的团组管理是圆满完成参赛任务的根本保证

代表团始终高度重视团组管理，注重从政治、思想、技术、防疫、纪律等各方面不断强化团组建设和管理，成功打造了一个讲政治、重荣誉、有担当，并且技术过硬、纪律优良的团组。出国期间，代表团和保障团全体成员严格执行参赛和新冠肺炎疫情防控工作要求，严守宣传和外事工作纪律，展现了良好的精神风貌，圆满完成了特别赛参赛和新冠肺炎疫情防控等各项工作任务。

这次参赛，我们取得了优异成绩，同时也发现了存在的不足和欠缺，面临的困难与挑战，需要努力适应和改进。

三、下一步工作建议

距离 2024 年法国里昂第 47 届世界技能大赛还有不到两年时间，如何在第 47 届世界技能大赛中继续站稳第一方阵，通过世界技能大赛推动我国技能人才队伍建设，下一步，建议做好以下工作。

（一）加强顶层系统谋划，打造高水平、专业化参赛团队

积极应对世界技能大赛的改革和可能出现的变化，需要扩大世界技能大赛专家、教练和翻译团队遴选范围，加强对世界技能大赛改革理念和规则的理解和把握，打造适应新形势下的高水平、专业化专家、教练和翻译队伍。注重参赛选手综合素质，加大技术技能、英语能力、身体素质、心理素质以及临场应变能力等全方位培养，为在今后世界技能大赛中不断取得优异成绩打好基础。

（二）加强对外沟通交流，及时了解和掌握世界技能大赛新动态

2024 年法国世界技能大赛日益临近，需要加快在比赛技术、规则、设备材料等方面与国际对接，及时了解行业变化和发展趋势，掌握世界先进技术和材料的应用，指导我国选手选拔和训练工作。同时，积极开展对外交流，参加世界技能组织及其成员举办的全球技能挑战赛和区域技能大赛，特别是与各项目具有较强实力的世界技能组织成员间的技术交流，为参加第 47 届世界技能大赛热身。如条件允许，建议安排未参加特别赛的第 46 届世界技能大赛备赛选手参加。

（三）加强世界技能大赛成果转化，助推新时代技能人才队伍建设

充分发挥世界技能大赛“溢出效应”，加强对特别赛涌现出来的先进典型的表扬奖励和宣传报道，在全社会营造崇尚技能、尊重技能人才的良好氛围。充分借鉴世界技能大赛先进的技能理念、技能标准、评价体系，着重研究如何将世界技能大赛标准和技术转化到技工院校的教学之中，转化到企业职工教育培训之中，推动我国技能人才队伍建设。

赴法国参赛团团组人员名单

姓名	性别	工作单位	项目	职务（职称）
吕玉林	男	人力资源社会保障部国际合作司、国际交流服务中心		团长
张　雷	男	人力资源社会保障部职业能力建设司		领队
李倩南	女	人力资源社会保障部事业单位人事服务中心		联络员
张　岚	男	上海市人力资源和社会保障局		观察员
杜　娟	女	上海市人力资源和社会保障局		观察员
林　斌	男	南昌市人力资源和社会保障局		观察员
郑旭升	男	广州市工贸技师学院	CAD 机械设计	选手
杨伟群	男	北京航空航天大学	CAD 机械设计	专家
曾　幸	男	江苏省盐城技师学院	CAD 机械设计	翻译
马宏达	男	浙江建设技师学院	抹灰与隔墙系统	选手
张守生	男	烟台城乡建设学校	抹灰与隔墙系统	专家
麦浩妍	女	广州市技师学院	抹灰与隔墙系统	翻译
侯坤鹏	男	漯河技师学院	移动机器人	选手
唐高远	男	漯河技师学院	移动机器人	选手
郑　桐	男	天津职业技术师范大学	移动机器人	专家
毕永利	男	广东省技师学院	移动机器人	翻译

续表

姓名	性别	工作单位	项目	职务（职称）
吴怡欣	女	上海健康医学院	健康和社会照护	选手
周　嫣	女	质思安认证（北京）有限公司	健康和社会照护	专家
曾文绮	女	深圳技师学院	健康和社会照护	翻译
贾国波	男	西安建筑工程技师学院	数字建造	选手
何国青	男	浙江大学	数字建造	专家
韩　燕	女	海南省技师学院	数字建造	翻译

赴芬兰参赛团

赴芬兰参加 2022 年世界技能大赛特别赛情况

应芬兰技能组织邀请，人力资源社会保障部职业能力建设司副司长刘新昌同志率团赴芬兰赫尔辛基参加了 2022 年世界技能大赛特别赛分兰赛区比赛。

一、基本情况

2022 年 10 月 20 日至 23 日，2022 年世界技能大赛特别赛芬兰赛区比赛在芬兰赫尔辛基举行。芬兰赛区设置花艺、美发、美容、时装技术 4 个比赛项目，来自 32 个国家和地区的 72 名选手参赛。中国代表团赴芬兰参赛团共 17 人，其中选手 4 人、专家 4 人、翻译 4 人、工作人员 3 人、上海世赛执行局 2 人。经过全团共同努力，选手顽强拼搏，4 名选手参加全部 4 个项目的比赛，获得 2 金 1 银 1 个优胜奖。其间，代表团还就参赛工作与世界技能组织成员代表及各项目专家进行了沟通交流。

（一）团组管理

为贯彻落实人力资源社会保障部领导指示要求，确保顺利参赛，代表团高度重视参赛各项工作，从严从紧抓好参赛全过程管理。一是做好行前准备。编制参赛工作手册，明确综合协调、外事、技术、服务保障、新闻宣传 5 个方面工作的职责分工。10 月 12 日，在成都召开行前会议，全体团员充分交流了参赛经验和赛场注意事项。建立微信工作群，及时发布消息、通知事项、了解进展，确保各方面信息及时上传下达。二是做好过程管理。比赛期间，团长带领工作人员每天在赛场巡查，及时与专家、翻译、选手沟通了解情况，查找问题和困难，及时予以指导和解决，每天晚上组织研判比赛形势和谋划工作安排。恰逢党的二十大胜利召开，组织全体团员利用比赛间隙收看收听大会开幕式和习近平总书记重要讲话。全体团员始终牢记使命，严格遵守外事、赛事等各项纪律要求，未发生涉政敏感事件，未出现违纪违规问题。三是统筹保障团管理工作。重庆市人力资源和社会保障局、上海市城市建设工程学校分别组建地方保障团赴芬兰提供服务保障，花艺项目 1 名教练和美容项目 2 名教练也赴芬兰为选手提供技术支持。在芬兰期间，代表团加强统筹协调，明确提出加强疫情防控要求，指导各保障团服从参赛整体工作安排，积极发挥各自作用，为选手参赛和后勤保障提供必要支持。

（二）参赛工作

芬兰赛区举办的 4 个比赛项目中，花艺和时装技术项目属于创意艺术与时尚类，美容和美发项目属于社会与个人服务类，均是社会关注度高、观赏性强的项目。一是竞争比较激烈。花艺、美发、美容、时装技术项目参赛队数量分别为 14、20、18、20 支，在本次特别赛中属于参赛队较多的项目，并且 4 个项目的传统优势国家均参赛，竞争非常激烈。二是我国选手发挥正常。我国 4 名女选手不畏强手，顽强拼搏，展现了我国青年技能健儿良好的精神风貌和过硬的综合素质，用实际行动诠释了“巾帼不让须眉”的优秀品质。经过 4 天的激烈角逐，湖南工艺美术职业学院董青获得时装技术项目金牌，以较大优势实现我国在世界技能大赛时装技术项目上的“三连冠”。重庆城市管理职业学院王珮获得美容项目金牌，实现我国该项目世界技能大赛金牌零的突破。杭州轻工技师学院沈文青获得美发项目银牌。上海农林职业技术学院杨灵芝获得花艺项目优胜奖。三是团内成员齐心协力。团内专家、翻译和保障团队教练密切配合、齐心协力，赛前购置材料、用品，利用宾馆狭小空间训练备赛；赛中观察选手比赛情况，研判比赛形势，对选手进行针对性的技术指导，竭尽全力完成各项赛事工作。工作人员全力做好各项组织联络、宣传及保障等工作，积极为选手参赛创造一切有利条件，为完成参赛目标任务提供有力支持。

（三）交流学习

一方面，主动与世界技能组织及成员交流。比赛期间，刘新昌同志会见了世界技能组织首席执行官大卫·霍伊，对世界技能组织给予中国上海不再举办第 46 届世界技能大赛的理解和举办第 48 届世界技能大赛的支持表示感谢，并就有关工作交换意见；会见了世界技能大赛竞赛委员会副主席冯建强博士和世界技能组织执行局成员林三贵先生，就特别赛和世界技能大赛规则制度建设等问题交换意见；与中国香港等代表团成员进行了工作交流。另一方面，认真学习借鉴主办方办赛经验。虽然准备仓促，但芬兰赛区赛事组织规范有序，人员精简高效，与世界技能组织秘书处配合紧密，服务保障周到有力，开幕式简洁隆重，闭幕式活泼热烈，整体营造了和谐友好的比赛氛围，展现了世界技能发展理念。比赛设在赫尔辛基会展中心，同期在会展中心举办了“爱生活”主题展销会，刺激生活消费的同时分散了布展成本，展会主题与竞赛项目契合，吸引了大批市民前来观摩，值得学习借鉴。

（四）宣传工作

一是按照工作计划，认真做好启程、备赛、开赛、比赛、闭幕及赛后等各个环节的宣传工作。第一时间提供开幕式、闭幕式新闻通稿及图片视频资料。按照人力资源社会保障部宣传中心要求，严格执行宣传纪律和统一宣传口径。二是克服我国驻芬兰新闻宣传机构少的劣势，积极对接新华社驻赫尔辛基记者站，做好开闭幕式、赛场情况及选手专访等深入宣传报道。新华社的采写报道得到了人民日报、中国网等多家主流媒体转载。新华社驻赫尔辛基记者站专门派一名摄影记者全程拍摄，为后续宣传工作提供了宝贵的图片资料。协调当地媒体赫尔辛基时报中文版报道中国代表队参赛情况，引起当地华人华侨的广泛关注。三是积极对接央视、人民日报、环球时报、科技日报、中国青年报和重庆日报、华龙网等国内主流媒体及地方媒体，提供选手故事等新闻素材，协助对获奖选手进行采访报道。《跟妈妈在服装厂长大的她，获世界冠军》《夺金！爱美的女孩圆梦啦》等报道，掀起了对世界技能大赛相关赛事报道的流量高潮。

二、收获和体会

本届特别赛组织形式、竞赛规则都有所调整，对参赛工作提出更高要求。回顾整个参赛经历，在面临重重困难的情况下，之所以能够取得较好成绩，主要得益于以下三个方面。

（一）得益于各级领导的高度重视

党中央、国务院高度重视技能人才队伍建设，习近平总书记多次作出重要指示批示，并在二十大报告中强调要“加快建设制造强国、质量强国”“深入实施人才强国战略”，为技能人才工作指明了方向、提供了根本遵循。人力资源社会保障部党组高度重视世界技能大赛工作，汤涛副部长在备赛、参赛的不同阶段多次召集会议专项研究，实时了解比赛情况，对做好参赛工作进行指导。各地党委政府和各级人力资源社会保障部门越来越重视世界技能大赛工作，加大对世界技能大赛选拔和集训的支持和投入，加大对获奖选手的奖励力度。这些都极大地鼓舞了广大世界技能大赛参与者的信心，为取得好成绩创造了良好条件。

（二）得益于技能人才政策的不断完善

我国技能人才政策措施不断完善，技能人才待遇不断提高，技能人才发展通道问题得到解决，吸引了更多青年走技能成长、技能就业、技能报国之路。各技工院校大力推进校企结合、工学一体化技能人才培养模式，不断把世界技能大赛标准引入教育教学中，不断提升技能人才培养质量。这些都使得我国有充足的人才储备，为参赛取得优异成绩奠定了坚实基础，提供了人才有力支撑。特别是近期，《关于加强新时代高技能人才队伍建设的意见》正式发布，为做好新时代高技能人才队伍建设工作提供行动指南，必将高位推动青年技能人才培养，提高技能人才待遇和社会地位，进一步推动我国高技能人才队伍建设新发展。

（三）得益于我国职业技能竞赛体系的建立完善

职业技能竞赛是培养选拔高技能人才并促进优秀技能人才脱颖而出的重要途径。参赛选手摘金夺银，深刻印证了“三百六十行，行行出状元”，有利于增强广大青年技工的荣誉感。我国已基本构建起以世界技能大赛为引领、以中华人民共和国职业技能大赛为龙头、以全国行业职业技能竞赛和地方各级各类职业技能竞赛以及专项赛为主体、以企业和院校职业技能比赛为基础，具有中国特色的职业技能竞赛体系。2020 年，我国成功举办中华人民共和国第一届职业技能大赛，按照世界技能大赛理念、标准、规则，选拔优秀选手进入世界技能大赛中国集训队，在全国设立了 346 个国家级集训基地，客观公正地遴选技术指导专家，科学组织开展第 46 届世界技能大赛参赛集训。各级各类职业技能竞赛的广泛开展，世界技能大赛科学的选拔和集训体系的建立，使得我国训练和备战世赛水平明显提升，参赛选手技能水平、综合素质得到大幅提高，为取得好成绩打下了坚实基础。

三、下一步工作建议

（一）适应世赛变革，完善选拔机制和培训模式

一是注重参赛选手综合素质选拔和训练，加大技术技能、英语语言沟通、身体素质、心理素质以及临场应变等全方位能力培养，为在今后参加世界技能大赛不断取得优异成绩打好基础。二是积极应对世界技能大赛改革和可能出现的变化，扩大专家、教练和翻译团队遴选范围，打造适应新形势下的高水平、专业化专家、教练和翻译队伍。尤其应注重对专家组长英语水平和综合能力考评，重点选拔一批懂技术、会管理、英语好的中青年专家。二是加强集训过程管理，切实发挥集训基地在选手培养和技能人才培养中的重要作用。

（二）加强对外交流，提高参赛水平和参与力度

一是需要加快在比赛技术、规则、设备材料等方面与国际对接，及时了解行业变化和发展趋势，掌握世界先进技术和材料的应用，指导我国第 47 届世界技能大赛选手选拔和训练工作。二是积极采取“请进来”“走出去”方式，参加世界技能组织及其成员举办的全球技能挑战赛和区域技能大赛，特别是加强与各项目具有较强实力的世界技能组织成员间的技术

交流，为第 47 届世界技能大赛参赛热身。三是争取我国代表能够早日进入世界技能组织执行局，培养我国工作人员进入世界技能组织秘书处，逐步培养我国有关项目专家进入世界技能大赛技能管理团队和竞争世赛首席、副首席专家等职务，争取更多话语权。

（三）完善竞赛体系，推动办赛工作和成果转化

一是全力筹备和举办好计划于 2023 年 9 月在天津举办的中华人民共和国第二届职业技能大赛。做好第 47 届世界技能大赛选手选拔集训工作。启动谋划 2026 年上海第 48 届世界技能大赛筹办工作，广泛深入开展各级各类职业技能竞赛。二是健全竞赛管理制度，建立政府、企业和社会多方参与的竞赛投入保障机制，加强竞赛专兼职人才队伍建设，提高竞赛科学化、规范化、专业化水平。三是推动世界技能大赛成果转化，并在职业技能培训、职业技能竞赛和技工院校教学中加以推广运用，推动我国技能人才队伍建设。

赴芬兰参赛团团组人员名单

姓名	性别	工作单位	项目	职务（职称）
刘新昌	男	人力资源社会保障部 职业能力建设司		团长
朱爱华	女	人力资源社会保障部 职业能力建设司		领队
李亚琪	女	人力资源社会保障部 国际交流服务中心		联络员
修　燕	女	上海市社会保险事业管理中心 （上海世赛执行局）		观察员
俞蔚光	男	上海市人力资源和社会保障局 （上海世赛执行局）		观察员
朱迎迎	女	上海市建设工程安全质量监督 总站	花艺	专家
杨灵芝	女	上海农林职业技术学院		选手
任培怡	女	河北省唐山市技师学院		翻译
吉正龙	男	杭州市拱墅区英美职业培训学校	美发	专家
沈文青	女	杭州轻工技师学院		选手
希　夏	女	深圳技师学院		翻译
王　芃	女	重庆市蒙妮坦时尚职业培训学校	美容	专家
王　珮	女	重庆城市管理职业学院		选手
夏洁妮	女	杭州技师学院		翻译
李　宁	女	中央美术学院	时装技术	专家
董　青	女	湖南工艺美术职业学院		选手
刘嫣然	女	山东劳动技师学院		翻译

赴奥地利参赛团

赴奥地利参加 2022 年世界技能大赛特别赛情况

2022 年 11 月 16 日至 12 月 1 日，中国就业培训技术指导中心主任吴礼舵同志率团赴奥地利萨尔茨堡参加了 2022 年世界技能大赛特别赛奥地利赛区比赛。

一、基本情况

2022 年 11 月 16 日至 12 月 1 日，世界技能大赛特别赛最后一站比赛在奥地利萨尔茨堡举行，奥地利赛区共设 7 个项目，分别是工业控制、电气装置、砌筑、混凝土建筑、货运代理、化学实验室技术和重型车辆维修。全团共 28 人，其中选手 8 人，专家 7 人，翻译 7 人，工作人员 4 人，上海世赛执行局 2 人。正式比赛时间为 11 月 24 日至 26 日。中国代表团由于防疫、航班等因素，11 月 16 日启程从国内出发，于赛前 8 天抵达奥地利。在赛前准备期间，全团集中安排统一行动，严格落实防疫要求，一是倒时差，调整状态；二是以项目为单位复习和准备比赛；三是分别组织了一次临时党支部主题党日活动、一次青年团员主题团日活动、一次全团小结会议，多次召开专题会议研究做好竞赛工作，从精神面貌、思想认识、身体条件和技术训练等各方面做好充分准备。进入比赛期间，代表团统筹谋划，一是积极组织各项目的地方或院校保障团全力做好各自项目特殊饮食等方面的保障工作；二是关心选手身心健康，在选手有焦虑等情绪时及时进行谈心谈话，及时妥善处理突发状况，协力保障比赛顺利进行。8 名选手参加了全部 7 个项目的比赛，获得了 6 金、1 铜的优异成绩。其中，中建五局高级技工学校伍远州获得砌筑项目金牌，实现该项目金牌“三连冠”。上海第二工业大学朱珂、宁波技师学院蒋昕桦、河南化工技师学院姜雨荷分别获得货运代理项目、重型车辆维修项目、化学实验室技术项目金牌，三个项目实现金牌零的突破。江苏省盐城技师学院余守安获得电气装置项目金牌，这是该项目继第 45 届世界技能大赛获得金牌后，实现蝉联。铁岭技师学院姜昊获得工业控制项目金牌，这是该项目继第 44 届世界技能大赛获得金牌后，时隔 5 年再获金牌。此外，郑州商业技师学院张阳光、刘锦豪获得混凝土建筑项目铜牌。

在宣传方面，在人力资源社会保障部宣传中心的大力支持下，积极联络协调媒体记者，以奥地利赛区参赛情况为切入点，结合本赛区各国代表团参赛情况进行了重点报道。新华社、央视、光明日报等主流媒体驻奥地利、瑞士机构赴赛事现场采访报道。其中，新华社客户端报道的《世界技能大赛收官　中国工匠技艺闪耀全球》，单篇阅读量达到 141.4 万人次；光明日报专题报道的奥地利赛区比赛侧记《一砖一瓦筑青春　技能打造强国梦》和新华网发表的《奋斗者 · 正青春　21 金！中国工匠闪耀世界技能大赛》更是一度冲上热搜，掀起了一波全媒体对世界技能大赛相关赛事报道的流量高潮。

二、收获和体会

（一）领导重视，为做好工作提供了强大动力

党中央、国务院高度重视技能人才队伍建设。党的二十大报告更是将高技能人才队伍建设提高到国家发展的重要战略位置，这些都为我们做好技能人才工作指明了方向，为参加世界技能大赛增添了无穷动力。人力资源社会保障部汤涛副部长亲自为代表团送行并时常调度

指挥代表团工作，为全体团员鼓舞了士气，保证了团组工作有条不紊地开展。赴奥地利参赛团能顺利出国参赛并取得优异成绩，与各级领导的高度重视、亲切关怀是分不开的。

（二）制度优势，是推进工作的关键所在

经过 5 届世界技能大赛和十多年工作的积累，我国世界技能大赛工作各项制度特别是选手选拔、集训相关工作机制逐步建立并日益完善。其中选手集训制度的确立使我国选手训练更为系统、准备更加充分。从此次比赛看，集训制度发挥了重要作用。赛前曾担心，疫情多点散发、上海世界技能大赛停办等，可能会对选手参赛造成影响，通过本次的参赛实践和产生的实际效果看，疫情对世界技能大赛其他成员的影响也很大。反观我国情况，世界技能大赛延期客观上给选手留出了更长的集训时间，而疫情防控下相对封闭的训练措施等，更给选手潜心研磨技术技能创造了良好环境。在集训制度的保障推动下，将不利因素变为有利条件。

（三）技术领先，是做好工作的制胜法宝

一是项目专家熟悉世界技能大赛《竞赛规则》，技术娴熟，具有丰富的赛事经验。此次参赛 7 个项目的专家，熟悉世界技能大赛先进技术，对关键技术环节能够把握到位，赛前我们对《竞赛规则》反复研究学习，赛中对《竞赛规则》的掌握也很到位，基本可以做到游刃有余。二是部分项目有突破。此次参赛的货运代理项目是世界技能大赛 4 个“仅用英语”的项目之一，选手全程用英语比赛，翻译不能进行任何帮助和支持。该项目以往是我们的短板项目，此次我国专家、选手潜心研究、努力练习，在比赛中打了翻身仗，从上届世界技能大赛的倒数第一，一跃获得金牌。重型车辆维修、化学实验室技术等往届从未获得奖牌的项目也一举夺金，在技术上有了重要突破。其他往届夺金项目也能一如既往保持优势，为代表团成绩稳定在第一梯队前列奠定了基础。

（四）管理高效，是做好工作的重要保障

一是成立临时党支部，发挥战斗堡垒作用。在出发前的第一次全团会上成立了临时党支部。到达奥地利的第四天，在全团上下紧张备赛的同时，在驻地召开了支部主题党日活动。与会人员结合党的二十大报告中涉及高技能人才培养等相关内容，谈了学习二十大的感想和体会，专家、选手、翻译等从不同角度，表达了积极调整状态、做好最后阶段的备赛工作、在赛场上充分展示中国选手精神风貌的决心。临时党支部深入学习党的二十大精神，深刻领会这次特别赛的特殊意义，充分发挥党建引领作用，扎实做好疫情防控工作，认真备赛，争取发挥出最好水平，展示良好精神风貌，为国争光。二是明确细化分工，各项工作高效运转。按照要求，全团设立了综合协调、外事、技术、服务保障、新闻宣传等 5 个工作小组，全团上下分工负责，各司其职，确保各项工作任务圆满完成。

（五）保障有力，是做好工作的重要基础

一是中国组委会保障精准到位。此次中国组委会考虑到中国代表团赴奥地利参赛团人数较多、驻地距离赛场较远等因素，在出发前就明确在奥地利期间提供全程专用车辆保障，既保障了防疫安全，又保证了比赛期间专家、选手及时抵达赛场参赛，赛后及时返回驻地休息。二是各地方保障团提供了专业、积极的协助。奥地利赛区的 7 个项目中，6 个项目有各地方或院校派出的保障团支持，如重型车辆维修等项目还为我国选手在奥地利当地联系了赛前练习场地，工业控制项目配备了心理老师，及时纾解选手情绪，保证比赛良好心态。中国组委会及地方保障团的全力保障和协同支持，为比赛取得优异成绩提供了坚实的保障。

（六）注重防疫，为参赛工作免除后顾之忧

一是未雨绸缪，充分做好行前准备。赛前借全团面签之机，组织团员接种了吸入式重组新型冠状病毒疫苗。同时，在第一次全团会上重点明确疫情防控工作要求，做好部署安排，确保全体团员统一思想。二是多管齐下，严格落实防控规定。代表团根据赛事安排和当地实际情况（如驻地早餐就餐空间狭小），第一时间对防疫重点环节、风险点位进行分析研判，明确了错峰就餐、闭环乘车，非必要不聚集、不单独出行等具体要求，强化疫情防控意识，形成了“见面后手消”“接触即消杀”的防疫习惯。

（七）宣传到位，为推动技能人才工作发展营造良好氛围

一是明确全程报道思路。出发前制定了宣传工作方案，自代表团出国参赛开始，充分利用技能中国、中国就业创业和上海世界技能大赛等微信公众号，赛前几天集中宣传项目简介

和选手备赛情况，并策划了“备赛预热”“选手加油海报”“赛场一线”等现场图集报道；赛中及时反映赛场进展和展示选手比赛英姿；赛后策划了“特别赛金牌故事系列报道”；提前起草代表团出征、开（闭）幕式宣传通稿，确保各类媒体第一时间报道世界技能大赛工作。二是衔接重点报道和媒体接待服务。积极联络协调央视、新华社、光明日报、经济日报等媒体驻地记者赴奥地利赛场进行现场采访报道，不断扩大赛事影响力。三是挖掘各项目相关素材及背后感人事迹，积极配合各媒体开展长效持续的宣传报道，为推动技能人才工作发展营造良好氛围。

三、下一步工作建议

（一）居安思危，客观冷静面对新的挑战。虽然此次比赛取得了好成绩，但也要看到，我们的主要对手，如俄罗斯、巴西并未在此次比赛中派员参赛，这些国家很多优势项目与我国重叠。例如，第 45 届世界技能大赛中，俄罗斯在化学实验室项目中夺得金牌，并获得超过 800 分的全场最高分。俄罗斯、巴西在货运代理、电气装置等项目上也将是我国强有力的竞争对手。虽然特别赛给基本功扎实的我国选手取得好成绩创造了条件，但在法国里昂的赛事是集中开放办赛，组织、技术要求等将与特别赛有很大差异。因此，我们必须沉下心来，全力以赴地投入下一届世界技能大赛备赛工作中。

（二）将后备队伍培养和专家队伍建设提到重要议事日程

从选手角度看，此次参赛选手普遍集训 3 年以上，有些甚至集训了 5 年，随着这批选手陆续退役，选拔优秀的后备选手迫在眉睫。从专家角度看，部分专家已年届退休，加之身体状况等因素，更新换代已成必然，专业素质优、语言能力强、视野国际化等因素应成为最主要的选拔考核标准，也为进一步提高我国在国际赛场话语权奠定基础。

（三）进一步总结提升集训方法

通过比赛实践，我国集训方法总体上是有效和成功的，但在具体操作上还有改进和提升空间。由于特别赛准备时间相对仓促，在国内集训期间省去了以往“5 进 1”集中阶段性考核过程，直接按前期“10 进 5”排名开始集训。现在看来这种方式，一方面降低了多次考核的时间、技术和资源成本，另一方面有效避免了国内考核中的内耗，还能确保有更多时间用于针对世界技能大赛参赛的训练。此外，由于疫情，拉练训练减少，从客观上体现出集中在一个具备条件的集训基地沉下来训练的优势，这也给我们以往强调多基地的拉练集训形式以反思。

（四）进一步加强对世界技能大赛工作系统化宣传推广

此次特别赛赴奥地利参赛团采取中央媒体、部属媒体和地方媒体联动方式，对世界技能大赛工作进行全方位立体化的宣传，取得了良好效果，也为我们今后开展世界技能大赛宣传工作带来新的启示。下一步应从分工合作、发布时机、内容设计、宣传角度等做进一步的细化明确和整体设计，使世界技能大赛工作成为促进技能人才高质量发展的助推器。

赴奥地利参赛团团组人员名单

姓名	性别	工作单位	项目	职务（职称）
吴礼舵	男	中国就业培训技术指导中心		团长
蔡　兵	男	中国就业培训技术指导中心		观察员
李　克	男	中国就业培训技术指导中心		领队
杨佳宁	女	中国劳动和社会保障科学研究院		联络员
何建军	男	上海市就业促进中心		观察员
王　波	男	上海市人力资源和社会保障局		观察员
吕秀文	女	上海港教育培训中心	货运代理	专家
杨俊鹏	男	江苏省常州技师学院	货运代理	翻译
朱　珂	女	上海第二工业大学	货运代理	选手
季剑波	男	徐州工业职业技术学院	化学实验室技术	专家
姜雨荷	女	河南化工技师学院	化学实验室技术	选手
赵亚男	女	江苏城乡建设职业学院	化学实验室技术	翻译
刘建忠	男	江苏苏博特新材料股份有限公司	混凝土建筑	专家
郑思涵	女	河南化工技师学院	混凝土建筑	翻译
张阳光	男	郑州商业技师学院	混凝土建筑	选手
刘锦豪	男	郑州商业技师学院	混凝土建筑	选手

续表

姓名	性别	工作单位	项目	职务（职称）
刘庆华	男	宁波技师学院	重型车辆维修	专家
王一青	女	上海出版印刷高等专科学校		翻译
蒋昕桦	男	宁波技师学院		选手
王大江	男	ABB（中国）有限公司	电气装置	专家
王立昀	女	上海港教育培训中心		翻译
余守安	男	江苏省盐城技师学院		选手
雷定鸣	男	中建五局高级技工学校（长沙建筑工程学校）	砌筑	专家
李　珺	女	荆门技师学院		翻译
伍远州	男	中建五局高级技工学校（长沙建筑工程学校）		选手
闫虎民	男	天津职业技术师范大学	工业控制	专家
曾人杰	男	广东省城市技师学院		翻译
姜　昊	男	铁岭技师学院（辽宁工程职业学院）		选手

各赛区情况

瑞士赛区

2022 年世界技能大赛特别赛中国代表团首批团员离京赴瑞士参赛

10 月 5 日，2022 年世界技能大赛特别赛中国代表团首批团员从北京启程，赴瑞士参赛。瑞士此次共承办 14 个项目的比赛，我国将参加木工、精细木工、家具制作、平面设计技术、印刷媒体技术、电子技术等 6 个比赛项目。启程前，人力资源社会保障部党组成员、副部长汤涛为首批团员送行，鼓励大家珍惜参赛机会，牢记使命，在确保安全的前提下，全力以赴，力争取得优异成绩，展示中国技能青年良好精神风貌。出征团员面向国旗，齐声喊出“征战世赛、奋勇争先、顽强拼搏、为国争光”的出征口号。

继赴瑞士参赛团员启程后，赴德国、法国、芬兰、韩国、日本等国家参赛的团员也将于10月上中旬陆续从北京、成都、南京等地启程参赛，最后一批参赛人员将于11月中旬赴奥地利参赛。

（来源：人力资源社会保障部政务微信公众号）

顾俊杰登上世界技能大赛特别赛印刷媒体技术项目金牌领奖台

3 天，21 个小时，21 项工作，一台马力全开的印刷机就像一条环环相扣的链条，容不得半点差池。瑞士当地时间 10 月 14 日晚 8 时许，作为全场最后一位完赛的选手，顾俊杰稳定发挥到了最后一秒。10 月 16 日，他在瑞士阿劳的颁奖现场被宣布，获得 2022 年世界技能大赛特别赛印刷媒体技术项目金牌。

这是 2022 年世界技能大赛特别赛上中国队夺得的第 3 枚金牌，也是中国在世界技能大赛印刷媒体技术项目单项上拿到的第一枚金牌。

顾俊杰（中）获得 2022 年世界技能大赛特别赛单项金牌

顾俊杰获得印刷媒体技术项目金牌

顾俊杰在比赛中

（来源：澎湃新闻）

2022年世界技能大赛特别赛 中国代表团在瑞士赛区斩获首金

2022年世界技能大赛特别赛家具制作、精细木工、木工3个项目于10月11日至14日在瑞士巴塞尔举行，共有来自27个国家和地区的40多名选手参赛。

经过4天激烈角逐，中国选手邵茹鹏获得精细木工项目金牌，李德鑫获得家具制作项目金牌，王纵横获得木工项目优胜奖。

其中，邵茹鹏获得的精细木工项目金牌，是我国在2022年世界技能大赛特别赛上获得的首枚金牌。

中国选手邵茹鹏（左）、李德鑫（中）、王纵横（右）

（来源：人力资源社会保障部政务微信公众号）

2022 年世界技能大赛特别赛电子技术项目在瑞士伯尔尼开幕

当地时间 10 月 18 日下午，2022 年世界技能大赛特别赛电子技术项目在瑞士伯尔尼开幕。

在接下来的 3 天时间里，中国选手、来自广东省技师学院的刘泽龙将与来自 17 个国家和地区的选手同场竞技。

电子技术项目中国选手刘泽龙在开幕式上

电子技术项目中国团队

赛前，中国选手刘泽龙在专家黄鑫的指导下熟悉工位和设备

（来源：人力资源社会保障部政务微信公众号）

刘泽龙获 2022 年世界技能大赛特别赛电子技术项目金牌

当地时间 10 月 23 日下午，2022 年世界技能大赛特别赛电子技术项目在瑞士伯尔尼落下帷幕。中国选手刘泽龙获得 2022 年世界技能大赛特别赛电子技术项目金牌。

据悉，共有 17 支代表队参加电子技术项目比赛，来自广东省技师学院的中国选手刘泽龙第一次出国比赛，在强手如林的代表队中，他迎难而上，奋勇拼搏。刘泽龙是继第 45 届世界技能大赛电子技术项目选手梁攀获得金牌后，我国电子技术项目选手再次成功卫冕冠军。

（来源：技能中国公众号）

德国赛区

2022年世界技能大赛特别赛德国赛区比赛开幕

德国时间10月10日至13日，2022年世界技能大赛特别赛数控车、数控铣和增材制造项目分别在德国莱昂贝格和索斯特正式开赛。

中国代表团在莱昂贝格、索斯特开幕式现场

数控车项目选手吴鸿宇（左）、数控铣项目选手周楚杰（右）在比赛现场进行紧张操作

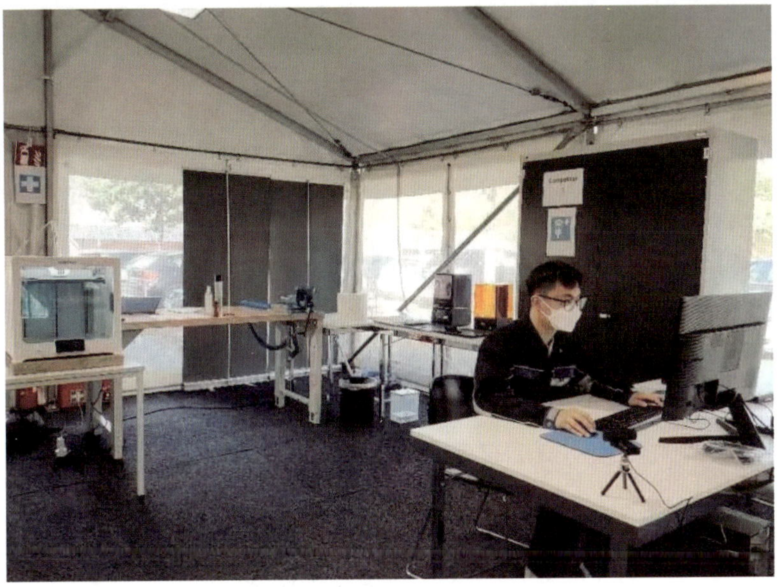

增材制造项目选手林伟桐在进行赛前准备工作

中国选手在 2022 年世界技能大赛特别赛德国赛区收获 2 金 1 银

中国代表团参加 2022 年世界技能大赛特别赛德国赛区数控车、数控铣和增材制造项目比赛，共收获 2 金 1 银。

增材制造项目选手林伟桐

增材制造项目中国团队

2022 年世界技能大赛特别赛增材制造项目于 10 月 13 日至 16 日在德国索斯特举行。该项目是本届大赛新增项目，共有来自 4 个国家和地区的选手参赛。经过 4 天激烈角逐，中国选手林伟桐获得增材制造项目银牌。

据了解，数控车、数控铣项目于 10 月 10 日至 15 日在巴符州莱昂贝格举行，分别吸引了来自 20 余个国家和地区的选手参赛。来自广东省机械技师学院的中国选手吴鸿宇获得数控车项目金牌，同一学校的周楚杰获得数控铣项目金牌。

周楚杰在赛后接受记者采访时表示，自己为了此次比赛每天刻苦训练，精益求精，非常感谢技能学习过程中良师益友给予的鼓励和支持。能够夺冠为国争光，内心充满自豪。

数控车项目指导专家宋放之对记者表示，今年比赛竞争激烈，通过参赛，既展示了中方选手技能水平和训练体系优势，也促进了与其他参赛队伍的相互学习借鉴。

韩国赛区

2022 年世界技能大赛特别赛韩国赛区比赛开幕

2022 年世界技能大赛特别赛韩国赛区的比赛于 10 月 12 日在韩国京畿道高阳市举行开幕式，来自 34 个国家和地区的 130 余名选手参加了这个赛区 8 个项目的比赛。

韩国赛区比赛将从 13 日开始，持续至 16 日结束，共设移动应用开发、3D 数字游戏艺术、网站设计与开发等 8 个项目。其中，中国选手参加了 6 个项目的比拼。

世界技能组织首席执行官大卫 · 霍伊在开幕式现场致辞中表示，虽然这届比赛是特别赛，但参赛选手技艺精湛、热情激昂，他们通过比赛展现出了高水平的技术知识，分析、解决问题和适应变化的能力也将得到考验。

10 月 12 日，在 2022 年世界技能大赛特别赛韩国赛区比赛开幕式上，
中国代表团选手入场。

（来源：人力资源社会保障部官网）

2022 年世界技能大赛特别赛韩国赛区闭幕 中国选手再添 3 金

2022 年 10 月 17 日，2022 年世界技能大赛特别赛韩国赛区闭幕式在韩国京畿道高阳市举行，中国 6 位选手获得 3 枚金牌、1 枚铜牌和 2 个优胜奖，实现我国在多个项目上金牌和奖牌零的突破。

移动应用开发项目金牌获奖选手杨书明

3D 数字游戏艺术项目金牌获奖选手罗凯

云计算项目金牌获奖选手陈新源

网站设计与开发项目铜牌获奖选手梁俊（左）

来自广州市工贸技师学院的选手杨书明获得移动应用开发项目金牌，成为本次大赛该新增项目首个金牌获得者；来自深圳技师学院的选手罗凯、陈新源分别获得 3D 数字游戏艺术项目、云计算项目金牌，实现我国在这两个项目上金牌零的突破；来自上海第二工业大学的选手梁俊获得网站设计与开发项目铜牌，实现我国在该项目上奖牌零的突破。

商务软件解决方案项目优胜奖获奖选手王旭政(左一)

来自邢台技师学院的选手王旭政和来自广州市工贸技师学院的选手黄金强分别获得商务软件解决方案项目和网络系统管理项目优胜奖。

网络系统管理项目优胜奖获奖选手黄金强（左三）

世界技能大赛是当今世界地位最高、规模最大、影响力最大的职业技能赛事，被誉为“世界技能奥林匹克”，其竞技水平代表了当今职业技能发展的世界先进水平。

（来源：技能中国公众号）

日本赛区

2022 年世界技能大赛特别赛日本赛区比赛开幕

2022 年 10 月 12 日，2022 年世界技能大赛特别赛日本赛区的比赛在日本京都举行开幕式，来自 15 个国家和地区的 22 名选手将参加这个赛区 3 个项目的比赛。

日本赛区比赛将从 15 日开始，持续至 19 日结束，共设信息网络布线、光电技术、可再生能源 3 个项目。其中，中国代表团 3 名选手将参加日本赛区所有项目的比拼。

中国代表团团长、人力资源社会保障部国际交流中心副主任李征宇表示，中国代表团参赛选手精神饱满、准备充分，将会认真比赛，在赛场上展示技能水平，与各国选手交流互鉴，以中国工匠精神和优异成绩，用实际行动迎接党的二十大胜利召开。

世界技能大赛被誉为“世界技能奥林匹克”，其竞技水平代表了当今职业技能发展的世界先进水平。2022 年世界技能大赛特别赛于 9 月中旬至 11 月下旬在 15 个国家分散举办，比赛项目共 62 个。该赛事为世界技能大赛正式比赛，作为 2022 年上海第 46 届世界技能大赛的替代活动。

（来源：中国日报网）

2 金 1 银！2022 年世界技能大赛特别赛光电技术、可再生能源和信息网络布线项目在日本京都闭幕

当地时间 2022 年 10 月 19 日下午四点，2022 年世界技能大赛特别赛光电技术、可再生能源和信息网络布线项目在日本京都闭幕。中国选手收获 2 金 1 银。

获奖的 3 名选手分别来自重庆电子工程职业学院、广东省技师学院和天津市电子信息技师学院。其中，李小松获得光电技术项目金牌，陈智勇获得可再生能源项目金牌，张洪豪获得信息网络布线项目银牌。

光电技术项目金牌获奖选手李小松（中）

可再生能源项目金牌获奖选手陈智勇(中）

信息网络布线项目银牌获奖选手张洪豪（中）

（来源：人力资源社会保障部政务微信公众号）

法国赛区

2022 年世界技能大赛特别赛法国赛区比赛开幕

2022 年 10 月 18 日，2022 年世界技能大赛特别赛法国赛区比赛在法国波尔多举行开幕式。

中国代表团郑旭升、马宏达、侯坤鹏、唐高远、吴怡欣、贾国波共 6 名选手将参加 CAD 机械设计、抹灰与隔墙系统、移动机器人、健康和社会照护、数字建造等 5 个项目的比赛。

（来源：人力资源社会保障部政务微信公众号）

2022年世界技能大赛特别赛法国波尔多赛区闭幕，中国队斩获2金2铜！

当地时间2022年10月23日下午，2022年世界技能大赛特别赛部分项目在法国波尔多落下帷幕。中国代表团抹灰与隔墙系统、移动机器人项目选手获得金牌，健康和社会照护、CAD机械设计项目选手获得铜牌。

经过4天的激烈比拼，移动机器人项目继第45届世界技能大赛获得金牌后，再次蝉联冠军，实现卫冕。抹灰与隔墙系统项目首次实现金牌零的突破。健康和社会照护、CAD机械设计项目选手获得铜牌。第一次参赛的数字建造项目选手也表现不俗。

（来源：人力资源社会保障部政务微信公众号）

展示中国青年工匠技艺的世界舞台
——2022 年世界技能大赛特别赛法国赛区侧记

金秋十月，法国波尔多北郊的展览园区内，2022 年世界技能大赛特别赛法国赛区赛事于 19 日至 22 日在此举办。该赛区共设移动机器人（双人）、CAD 机械设计、数字建造、健康和社会照护、抹灰与隔墙系统 5 个比赛项目。中国代表团 6 名青年选手参赛，最终斩获 2 金 2 铜。

19 日上午，在宽敞明亮的比赛大厅内，5 个项目同时开赛。既不同于正襟危坐的学科竞赛，也不同于激情迸发的体育赛事，技能大赛的每个项目都与日常生活息息相关，部分项目的赛区让观众仿佛置身于熟悉的生活场景。

健康和社会照护比赛现场布置成模拟医院病房的小隔间，里面不仅有病床、桌椅、健康监测仪等，还有扮演“病人”的工作人员，连墙上挂饰、绿植摆件等细节都非常逼真。这个项目比赛为期 4 天，选手需完成医院、日间照护中心、长期照护中心、家庭 4 个模块 10 个案例“病人”的实践照护任务，以及书写照护计划、绘制健康海报等。

来自上海健康医学院护理与健康管理学院的教师吴怡欣参加该项比赛。她说，中国选手具有钻研细节、刻苦认真、精益求精的优势，但也面临语言交流和照护文化差异等挑战。为此，她在比赛中积极倾听和交流，增强临场应变能力。

与此同时，在大厅另一侧，来自浙江建设技师学院的学生马宏达正忙碌地进行抹灰与隔墙系统项目比赛。他时而翻阅图纸，时而切割石膏板，然后又迅速起身固定轻钢龙骨，动作娴熟利落。

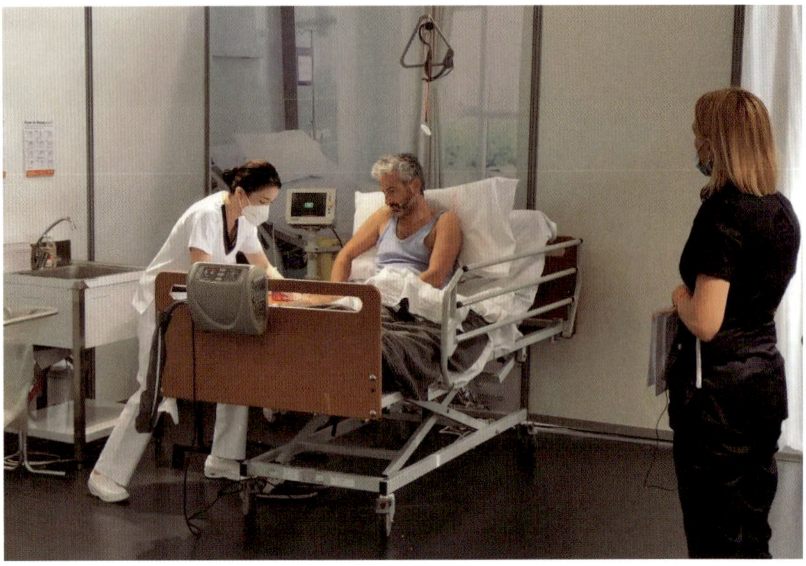

10 月 19 日，中国选手在法国波尔多参加世界技能大赛特别赛健康和社会照护项目比赛。

据了解，抹灰与隔墙系统项目内容为运用轻钢龙骨和不同功能的石膏板搭建轻质隔墙系统，在墙体内部加入隔音棉等材料以增加墙体功能，并装饰墙面。最精彩的是最后一个比赛模块，选手运用石膏技术在一面空白墙面上自由创作，展示技艺的同时也把独特的美学展现给观众。

马宏达说道：“比赛难点在于选手必须在 3 小时内完成读图、分析试题、设计方案和编写工序。整个比赛工艺复杂、工序烦琐。一名优秀选手需要掌握所有的工艺工法，并且在每一个环节都稳定发挥、做到极致才有望获得金牌。”

移动机器人项目同样与日常生活密切相关。选手需根据主办方提供的官方套件，现场组装、调试、编程，然后模拟医院场景，使机器人独立完成“药物”“轮床”的运送和回收工作。模拟医院场景是按比例缩小的“隔间”和“通道”，“药物”和“轮床”分别为正方块和车模型。由于场地空间和物品尺寸都非常“迷你”，这对机器人移动和机器臂抓取的精度提出了极高要求。

10月19日，中国选手在法国波尔多参加世界技能大赛特别赛移动机器人（双人）项目比赛。

经过4天激烈比拼，毕业于河南漯河技师学院电气工程系的侯坤鹏和唐高远在移动机器人项目比赛中获得金牌。马宏达在抹灰与隔墙系统项目中夺冠，为中国队在该项目实现金牌零的突破。参加健康和社会照护、CAD机械设计项目的中国选手吴怡欣和郑旭升摘得2枚铜牌。

马宏达在夺冠后接受记者采访时表示，说起抹灰与隔墙，一些人会觉得这个“土”，难登大雅之堂。但是自身经历证明，“三百六十行，行行出状元”。“我国是科技强国，也是制造业大国。国家发展既需要顶尖科技人才，也离不开一代代工匠的辛勤付出。作为青年工匠，我要传承‘老手艺人’的衣钵，把技能学精学透，用所学所能助力国家发展。”

选手唐高远的“逆袭”经历引人关注。入读河南漯河技师学院前，他曾在高中二年级时辍学打工。后来在校就读期间，唐高远展现出了在移动机器人项目上的才能，先后在该项目省级、国家级比赛中获奖，直至与搭档侯坤鹏代表中国参加本次比赛并斩获金牌，在世界级舞台实现人生梦想。

侯坤鹏和唐高远接受采访时表示，世界技能大赛凸显了务实肯干、坚持不懈、精雕细琢的工匠精神。回国后，他们将脚踏实地，技能报国，通过努力奋斗构筑美好未来。

（来源：新华社）

芬兰赛区

2022 年世界技能大赛特别赛芬兰赛区比赛开幕

赫尔辛基当地时间 2022 年 10 月 19 日下午，2022 年世界技能大赛特别赛芬兰赛区举行开幕式。

芬兰赛区设置花艺、美发、美容、时装技术 4 个项目，吸引了来自 32 个国家和地区的 72 名选手参赛。比赛历时 4 天，20 日开始，23 日结束。

上海农林职业技术学院杨灵芝、杭州轻工技师学院沈文青、重庆城市管理职业学院王珮、湖南工艺美术职业学院董青等 4 名中国技能健儿将与来自世界各地的技能精英同台竞技。

（来源：人力资源社会保障部政务微信公众号）

2022年世界技能大赛特别赛芬兰赛区闭幕 中国代表团再添2金1银1优胜

当地时间2022年10月24日下午，2022年世界技能大赛特别赛芬兰赛区闭幕式在赫尔辛基市政厅举行。世界技能组织首席执行官大卫·霍伊出席闭幕式并致辞。经过4天的激烈角逐，我国4名选手顽强拼搏，为中国代表团再添2枚金牌、1枚银牌和1个优胜奖。

美容项目选手王珮获得金牌

重庆城市管理职业学院王珮获得美容项目金牌，实现我国该项目在世界技能大赛金牌零的突破。湖南工艺美术职业学院董青获得时装技术项目金牌，以较大优势实现我国在世界技能大赛时装技术项目上的“三连冠”。杭州轻工技师学院沈文青获得美发项目银牌。上海农林职业技术学院杨灵芝获得花艺项目优胜奖。

时装技术项目选手董青获得金牌

美发项目选手沈文青获得银牌

花艺项目选手杨灵芝获得优胜奖

芬兰团在闭幕式后的合影

芬兰团获奖选手合影

（来源：人力资源社会保障部政务微信公众号）

奥地利赛区

2022年世界技能大赛特别赛
中国代表团最后一批团员离京赴奥地利参赛

2022年11月16日，2022年世界技能大赛特别赛中国代表团最后一批团员从北京启程，赴奥地利参赛。奥地利赛事活动是2022年世界技能大赛特别赛最后一个赛事活动，我国将参加奥地利承办的电气装置、工业控制、砌筑、混凝土建筑、重型车辆维修、货运代理、化学实验室技术等全部7个比赛项目。启程前，人力资源社会保障部党组成员、副部长汤涛为奥地利团员送行，鼓励大家珍惜机会，轻装上阵，奋勇拼搏，在做好防疫的前提下，全力以赴，力争实现新的突破。出征团员面向国旗，齐声喊出“征战世赛、奋勇争先、顽强拼搏、为国争光”的出征口号。

（来源：人力资源社会保障部官网）

2022 年世界技能大赛特别赛奥地利赛区比赛开幕

当地时间 2022 年 11 月 23 日下午，2022 年世界技能大赛特别赛奥地利赛区在奥地利萨尔茨堡举行开幕式，这是特别赛最后一场赛事活动，比赛历时 3 天，24 日开始，26 日结束。

我国将参加本场赛事全部 7 个比赛项目，共派出 8 名选手与来自 38 个国家和地区的 100 名选手同台竞技。我国选手姜雨荷作为奥地利赛区选手代表在开幕式上宣誓。奥地利赛区比赛成绩将在当地时间 11 月 27 日下午举行的闭幕式上揭晓。

（来源：人力资源社会保障部官网）

2022年世界技能大赛特别赛奥地利赛区闭幕 中国选手斩获6金

当地时间2022年11月27日下午，2022年世界技能大赛特别赛奥地利赛区在萨尔茨堡落下帷幕。经过3天的激烈角逐，我国8名选手顽强拼搏，奋勇争先，在全部7个项目中，共获得6枚金牌、1枚铜牌。

其中，中建五局高级技工学校伍远州获得砌筑项目金牌，实现我国在该项目金牌“三连冠”。上海第二工业大学朱珂、宁波技师学院蒋昕桦、河南化工技师学院姜雨荷分别获得货运代理项目、重型车辆维修项目、化学实验室技术项目金牌，三个项目实现金牌零的突破。江苏省盐城技师学院余守安获电气装置项目金牌，是该项目继第45届世界技能大赛获金后再次夺得金牌。铁岭技师学院姜昊获得工业控制项目金牌，是该项目第44届世界技能大赛夺冠后，时隔5年再获金牌。郑州商业技师学院张阳光、刘锦豪获得混凝土建筑项目铜牌。

奥地利赛区是2022年世界技能大赛特别赛最后一场比赛，至此，特别赛62个比赛项目全部结束。中国代表团在参加的34个项目上共获得21枚金牌、3枚银牌、4枚铜牌和5个优胜奖，金牌榜名列第一。

（来源：人力资源社会保障部官网）

疫情防控方案

2022年世界技能大赛特别赛中国代表团新冠肺炎疫情防控工作方案

世界技能大赛中国组委会秘书处

2022年10月

为做好2022年世界技能大赛特别赛中国代表团（以下简称代表团）新冠肺炎疫情防控工作，根据国家卫健委和机场、海关等相关防疫规定，结合我驻特别赛主办国使领馆疫情防控规定及世界技能组织发布的特别赛主办国疫情防控规定，制定本疫情防控工作方案（以下简称方案）。

一、组织架构与职责分工

成立中国代表团疫情防控领导小组、疫情防控工作组、防疫和医疗专家组，以及各参赛代表团（以下简称各参赛团）疫情防控工作小组。具体组成成员和职责分工如下：

（一）疫情防控领导小组

组　长：刘康

副组长：吴礼舵、吕玉林、刘新昌、袁芳、李征宇、王瑢

工作职责：全面领导代表团疫情防控工作，决策处理紧急突发事件，并负责向部领导和有关方面报告。

（二）疫情防控工作组

组　长：李征宇

成　员：李敏、张雷、邹源、李亚琪、马文思、张育恒

工作职责：制定代表团疫情防控工作方案，协助、指导各参赛团做好行前、参赛期间、赛后各项疫情防控工作。配发疫情防控物资，督促落实回国疫情防控规定。协助处理疫情防控紧急突发事件。

（三）防疫和医疗专家组

组　长：牛艳　中国疾病预防控制中心卫生应急中心副研究员

副组长：沈瑾　中国疾病预防控制中心环境与健康相关产品安全所室主任、研究员

王凌航　北京地坛医院感染中心副主任、主任医生

工作职责：协助、指导各参赛团做好行前、赛中、赛后各项疫情防控工作，特别赛各项具体防疫措施的落实。对各参赛团进行防疫培训。指导各参赛团排查疫情传播扩散潜在风险点，突发情况下共同研判并提出相应防控措施。指导各参赛团做好团内有抗原阳性或疑似症状人员的应急处置工作。

（四）各参赛团疫情防控工作小组

各参赛团疫情防控工作实行团长负责制，成立疫情防控工作小组，具体组成如下：

1. 瑞士团：组长刘康，成员祝颖华

2. 奥地利团：组长吴礼舵，成员李克

3. 法国团：组长吕玉林，成员李倩南

4. 芬兰团：组长刘新昌，成员李亚琪

5. 德国团：组长袁芳，成员朱丹

6. 日本团：组长李征宇，成员马文思

7. 韩国团：组长王瑢，成员张育恒

工作职责：督促团员遵守代表团和其他有关方面的各项防疫规定，签署疫情防控承诺书。

汇总上报团员疫苗接种和健康信息。收集整理在外期间每日健康监测、每日一次抗原检测结果，实行每日“零报告制度”。做好团内抗原阳性或有疑似症状应急处置工作。

二、工作目标与原则

（一）工作目标。严格落实我国各项疫情防控规定，提高疫情防控意识，增强疫情防控能力，努力防止疫情在各参赛团内出现和大面积传播，确保参赛安全和人身安全。

（二）工作原则

1. 预防为主。提高疫情防范意识，制定周密疫情防控工作方案并严格督促落实。提前做好防疫技术、物资、药品和设备的准备工作。开展疫情防控知识培训。及时分析研判疫情风险点，评估可能出现的问题并制定相应应急处置措施。

2. 联防联控。加强疫情防控措施督导检查、突发事件应急处置的统一指挥和组织协调，完善各参赛团与疫情防控工作领导小组报告联动机制，按各自职责落实工作方案，确保预防在前、及时发现、快速处置、精准管控、有效救治。

3. 科学精准。全面了解赛事各主办国及举办地疫情情况，科学研判面临的疫情状况。筑牢常态防控意识，指导团员熟知各项疫情防控政策和防控措施。针对可能出现的突发事件，开展应急处置培训。

4. 从严要求。从严要求各参赛团所有成员，严格落实各项疫情防控规定，不打折扣、不搞变通。对于防控规定不执行或执行不到位的人员和团组，要及时进行批评并采取措施纠正，情节严重的，要按规定进行追责。

5. 动态调整。密切关注各赛事主办国疫情发展态势以及现场风险点，及时制订调整应急处置措施，做到动态跟踪、科学防控、从容应对。

三、疫情防控措施

（一）出发前。提前 14 ～ 28 天统一组织各参赛团成员接种新冠病毒疫苗，填报疫苗接种情况及健康信息。9 月底统一配发防疫物资并在行前会上进行防疫培训。各参赛团成员在出国前 20 天完成新冠疫苗全程接种，行前 14 天每日进行健康自我监测，登机前完成核酸检测，并提供 48 小时内纸质核酸阴性证明中文原件和英文翻译件。

（二）旅途中。在前往机场途中、候机和旅途中要全程规范佩戴医用防护口罩，候机过程中尽量避免在人群密集地方扎堆停留，与其他人员保持至少 1 米的安全距离。尽可能减少非工作期间与他人接触。进食前、触摸口鼻前、出入公共场所、触摸公共把手或按键后，及时进行手部清洁消毒。路途中不允许离开团组个人行动。

（三）入境时。根据各赛事主办国入境政策，提前准备好入境所需文件，保持社交距离，尽量减少与他人接触，严格做好个人防护。如遇防疫检测检查或被抽进行防疫检测检查，按照现场工作人员安排，有序进行检测检查，并在规定区域等待检测结果。若检测结果为不确定或呈阳性，需服从和配合防疫工作人员后续安排，相关参赛团疫情防控工作小组第一时间报告代表团防疫工作领导小组。使用官方指定专用通道办理进出关及行李手续，不得超区域活动。

（四）入境后。各参赛团人员只能参加组委会安排或经各参赛团批准的活动，不得前往计划范围内的比赛场馆等以外的其他地点。若有特殊原因需要参加其他活动或前往其他地点，须报各参赛团团长同意，从严把控。

各参赛团严格执行向防疫工作领导小组每日零报告及异常情况报告制度。团员每天监测个人体温，每天进行一次新冠病毒抗原检测，并报告本参赛团防疫工作小组。

除吃、喝、睡、训、赛等特定情况外，全程佩戴医用防护口罩。尽量减少人员接触，包括团内人员接触。为尽量避免我代表团与外界产生交叉感染，就餐时在餐桌位置充足的条件下，实行分桌就餐。乘组委会车辆或其他公共交通工具时，必须全程佩戴医用防护口罩，并注意保持距离；乘我参赛团车辆时，不允许邀请团外人员乘坐。加强个人防护，严格做好个人物品和环境消杀，活动结束尽快回驻地、尽快清洗，及时清理个人垃圾。

（五）返程前。按照我国驻外使领馆、机场、海关等规定，做好登机前准备和核酸检测工作。各参赛团应按我驻外使领馆要求，在指定机构进行 48 小时内“双核酸检测”，两次检测间隔 24 小时以上。检测符合要求的，向我驻外使领馆申请返程绿码。

如核酸检测结果呈阳性，异常人员入住由使领馆或代表团协调安排的隔离点，按规定进行周期性检测和治疗。核酸检测复阴后，自我隔离 14 天，然后再次进行“双核酸检测”，向使领馆申请返程绿码。各参赛团可酌情选派人员留下协助异常人员治疗，并做好其他协调工作。

（六）回国后。严格遵照《新型冠状病毒肺炎防控方案（第九版）》有关要求和属地疫情防控规定，进行隔离医学观察。提高疫情防控意识，严格履行防控责任，按照要求做好健康监测和核酸检测，如出现可疑症状要及时报告。居家健康监测期间非必要不外出，如有特殊情况必须外出，要做好个人防护，尽量避免乘坐公共交通工具。

从北京口岸入境人员需落实“7 天集中隔离 +3 天居家健康监测”措施。京外口岸入境需要进京的，原则上应在当地完成“7 天集中隔离 +3 天居家健康监测”措施。在京有固定住所的，完成 7 天集中隔离后可“点对点”来京，抵京后进行核酸检测，闭环接转至固定住所补齐 3 天居家健康监测。京外口岸入境不进京的，7 天集中隔离后，按返程地防疫规定执行。

四、应急处置措施

各参赛团成员在境外期间及回国前，新冠病毒核酸检测呈阳性或发生疑似新冠肺炎的不适症状时，相关各参赛团疫情防控工作小组应立即报告代表团防疫工作领导小组并启动应急处置预案，协调我相关驻外使领馆方面妥善应对。

（一）出现相关症状。当团员有不适症状但抗原检测结果为阴性时，各参赛团疫情防控工作小组立即报代表团防疫工作领导小组和医疗专家组进行综合研判，并对异常人员及可能的风险人员进行信息询问，包括相关症状、出现时间、近两日活动区域等。要求异常人员尽量与其他人员保持社交距离。对异常人员每 2 小时复测一次体温，每日开展 1 次抗原检测。如异常人员连续两次抗原检测均为阴性，由各参赛团疫情防控工作小组和临床专家根据其健康状态评估是否继续参赛。

（二）抗原检测阳性。当团员新冠病毒抗原检测结果出现阳性时，各参赛团疫情防控工作小组立即报代表团防疫工作领导小组和医疗专家组进行综合研判，并对异常人员及可能的风险人员进行信息询问，包括相关症状、出现时间、近两日活动区域等。要求异常人员尽量与其他人员保持社交距离。各参赛团疫情防控工作小组协调赛事组委会，并和临床专家共同根据异常人员健康状态评估和赛程安排判定其是否继续参赛。如异常人员有症状转重迹象等情况，应立即联系我国驻外使领馆或经赛事组委会联系当地医疗机构，做好医疗救治等相关工作。出现重症和危重病症无法得到及时救治的，应立即请求我驻外使领馆支持，申请转运回国进行治疗。

各参赛团成员须严格按照本工作方案要求和团组统一安排行动，不得擅自行动。发现疑似症状或确诊病例的情况后，协调有关方面加强舆情监控和应对，任何人员不得擅自对外发布任何相关信息。

五、其他

各地参赛保障团组参照本方案做好疫情防控工作。

附件（略）

worldskills China

2022年
世界技能大赛
特别赛日程表
及获奖情况

COMPETITION 2022
SPECIAL EDITION

2022 年世界技能大赛特别赛日程表及获奖情况

竞赛时间	赛项编号	竞赛项目	主办城市	金牌	银牌	铜牌	优胜奖
9 月 7 日—10 日	45	原型制作	瑞士伯尔尼	中国台北	日本	印度 韩国	空缺
10 月 4 日—7 日	4	机电一体化	德国斯图加特	日本	中国台北	瑞士 韩国 印度	中国香港 新加坡 匈牙利 哥伦比亚 德国 奥地利 泰国 葡萄牙
10 月 4 日—7 日	48	工业 4.0	德国斯图加特	瑞士	德国	英国	波兰
10 月 4 日—7 日	55	水处理技术	德国斯图加特	新加坡	印度	日本	韩国
10 月 6 日—9 日	56	酒店接待	瑞士蒙特勒	新加坡	瑞士	西班牙 印度	法国 中国台北 奥地利 瑞典
10 月 10 日—13 日	38	制冷与空调	德国纽伦堡	中国台北	葡萄牙 奥地利 韩国	空缺	中国香港 德国 法国 日本
10 月 10 日—15 日	6	数控车	德国莱昂贝格	中国	越南 泰国 日本	空缺	韩国 法国 奥地利 阿联酋 丹麦 中国台北

续表

竞赛时间	赛项编号	竞赛项目	主办城市	金牌	银牌	铜牌	优胜奖
10月10日—15日	7	数控铣	德国莱昂贝格	中国	越南	日本	中国台北 阿联酋 韩国 列支敦士登 泰国 法国 奥地利 德国 瑞士
10月10日—15日	32	糖艺/西点制作	瑞士卢塞恩	瑞士	印度	加拿大 法国	日本 芬兰 韩国 奥地利
10月10日—15日	47	烘焙	瑞士卢塞恩	法国	韩国	瑞士	澳大利亚 中国台北 印度 日本
10月11日—14日	24	家具制作	瑞士巴塞尔	韩国 中国 英国	空缺	空缺	瑞士 法国 中国台北 意大利南蒂罗尔 德国 匈牙利
10月11日—14日	25	精细木工	瑞士巴塞尔	中国 中国台北	空缺	奥地利 瑞士	法国 英国 韩国 匈牙利
10月11日—14日	26	木工	瑞士巴塞尔	韩国	德国 意大利南蒂罗尔	空缺	法国 瑞士 中国
10月12日—15日	11	印刷媒体技术	瑞士阿劳	中国	瑞士	德国	日本

续表

竞赛时间	赛项编号	竞赛项目	主办城市	金牌	银牌	铜牌	优胜奖
10月12日—15日	40	平面设计技术	瑞士阿劳	法国	意大利南蒂罗尔	中国台北	印度 匈牙利 新加坡 韩国 中国 拉脱维亚 加拿大 瑞士 奥地利
10月13日—16日	8	移动应用程序开发	韩国高阳	中国	中国台北	德国	伊朗 新加坡 中国香港 韩国
10月13日—16日	9	商务软件解决方案	韩国高阳	日本 韩国	空缺	中国台北	中国 伊朗 瑞士 匈牙利 新加坡 哥伦比亚
10月13日—16日	17	网站技术	韩国高阳	韩国	匈牙利	中国 哈萨克斯坦	中国台北 印度 新加坡 瑞士 法国 瑞典 伊朗 英国
10月13日—16日	27	珠宝加工	瑞士日内瓦	伊朗	韩国	英国	法国 日本 印度 瑞士

续表

竞赛时间	赛项编号	竞赛项目	主办城市	金牌	银牌	铜牌	优胜奖
10月13日—16日	39	网络系统管理	韩国高阳	韩国 日本	空缺	中国台北	瑞士 哥伦比亚 法国 中国 奥地利 新加坡 匈牙利 伊朗
10月13日—16日	43	塑料模具工程	韩国高阳	韩国	中国台北 日本	空缺	空缺
10月13日—16日	50	3D数字游戏艺术	韩国高阳	中国	新加坡 韩国	空缺	中国台北 中国香港 印度 泰国 英国
10月13日—16日	53	云计算	韩国高阳	中国	德国	新加坡	中国香港 韩国 中国台北 日本
10月13日—16日	54	网络安全	韩国高阳	韩国	中国台北	伊朗	英国 澳大利亚 法国
10月13日—16日	57	增材制造	德国索斯特	新加坡	中国	空缺	印度 德国
10月14日—17日	44	商品展示技术	瑞典斯德哥尔摩	中国香港	法国	拉脱维亚	瑞典 新加坡
10月15日—18日	2	信息网络布线	日本京都	日本	中国	韩国	印度 哥伦比亚 中国香港 法国
10月15日—18日	60	光电技术	日本京都	中国	韩国	日本	空缺

续表

竞赛时间	赛项编号	竞赛项目	主办城市	金牌	银牌	铜牌	优胜奖
10月15日—18日	62	可再生能源	日本京都	中国 日本	空缺	空缺	空缺
10月17日—20日	10	焊接	美国 俄亥俄州 克利夫兰	韩国 日本	空缺	美国	中国香港 中国台北 葡萄牙 加拿大 奥地利 英国 比利时 爱尔兰 荷兰
10月17日—20日	42	建筑金属构造	美国 俄亥俄州 克利夫兰	韩国	中国台北	法国	日本
10月17日—20日	63	机器人系统集成	卢森堡埃施	德国	中国台北	波兰	法国 奥地利 日本
10月18日—20日	1	工业机械	加拿大 安大略省 布兰普顿	日本	奥地利	韩国 瑞士	中国台北
10月18日—21日	13	车身修理	瑞士 伯尔尼	日本	瑞士	中国台北	法国 印度 韩国
10月18日—20日	36	汽车喷漆	丹麦 锡尔克堡	法国 韩国	空缺	英国	德国 加拿大 澳大利亚
10月19日—22日	5	电子技术	瑞士 伯尔尼	中国	瑞士	韩国	奥地利 中国台北 日本 新加坡 法国 阿联酋

续表

竞赛时间	赛项编号	竞赛项目	主办城市	金牌	银牌	铜牌	优胜奖
10月19日—22日	16	CAD 机械设计	法国波尔多	葡萄牙 韩国	空缺	奥地利 中国	中国台北 日本 瑞士 新加坡 阿联酋 法国 伊朗
10月19日—22日	21	抹灰与隔墙系统	法国波尔多	中国	中国台北	瑞士	法国 日本 乌兹别克斯坦 韩国
10月19日—22日	23	移动机器人	法国波尔多	中国	韩国	日本	印度 中国台北 哥伦比亚 奥地利 阿联酋 中国香港
10月19日—22日	41	健康和社会照护	法国波尔多	阿联酋	中国台北	中国	新加坡 匈牙利 泰国 印度 芬兰
10月19日—22日	58	数字建造	法国波尔多	爱尔兰	中国台北	法国	澳大利亚 奥地利 英国 中国香港 波兰
10月20日—23日	28	花艺	芬兰赫尔辛基	奥地利	瑞士	法国	中国台北 中国 韩国 波兰

续表

竞赛时间	赛项编号	竞赛项目	主办城市	金牌	银牌	铜牌	优胜奖
10 月 20 日—23 日	29	美发	芬兰 赫尔辛基	法国	中国 韩国	空缺	中国香港 葡萄牙 英国 澳大利亚 印度 匈牙利 瑞士 西班牙
10 月 20 日—23 日	30	美容	芬兰 赫尔辛基	中国	中国台北	日本	新加坡 匈牙利 韩国 法国 瑞士 波兰
10 月 20 日—23 日	31	时装技术	芬兰 赫尔辛基	中国	中国台北	韩国	奥地利 印度 中国香港 马来西亚 加拿大 新加坡 比利时
10 月 23 日—26 日	34	烹饪 （西餐）	瑞士 卢塞恩	加拿大 葡萄牙 法国	空缺	空缺	澳大利亚 马来西亚 日本 爱沙尼亚 奥地利 菲律宾 瑞士 韩国 英国 芬兰 泰国 阿塞拜疆

续表

竞赛时间	赛项编号	竞赛项目	主办城市	金牌	银牌	铜牌	优胜奖
10 月 23 日—26 日	35	餐厅服务	瑞士 卢塞恩	法国	中国台北	瑞士	英国 法国 中国香港 瑞典 奥地利 西班牙 比利时 印度 泰国
10 月 24 日—27 日	37	园艺	爱沙尼亚 塔林	瑞士	日本	匈牙利	德国 奥地利 意大利南蒂罗尔 中国台北 荷兰 哥伦比亚
10 月 25 日—28 日	33	汽车技术	德国 德累斯顿	中国台北 德国 瑞士 意大利 南蒂罗尔	空缺	空缺	日本 阿联酋 法国 比利时 印度 奥地利 西班牙 匈牙利
11 月 1 日—4 日	3	制造团队挑战赛	英国 威尔士 雷克瑟姆	中国台北	日本	法国	韩国 英国
11 月 1 日—4 日	14	飞机维修	英国威尔士加的夫	英国	韩国	新加坡 法国	阿联酋 瑞典

续表

竞赛时间	赛项编号	竞赛项目	主办城市	金牌	银牌	铜牌	优胜奖
11月2日—4日	15	管道与制暖	德国拉尔	奥地利	法国 匈牙利	中国台北	韩国 芬兰 瑞士 英国 德国 日本
11月3日—6日	12	瓷砖贴面	意大利南蒂罗尔博尔扎诺	奥地利	德国	意大利南蒂罗尔 韩国	中国台北 丹麦 法国
11月3日—6日	22	油漆与装饰	意大利南蒂罗尔博尔扎诺	奥地利	法国 中国台北	空缺	英国 匈牙利 德国 意大利南蒂罗尔
11月24日—26日	18	电气装置	奥地利萨尔茨堡	中国 中国台北	空缺	瑞士 挪威	韩国 英国 德国 匈牙利 阿联酋 奥地利 日本 荷兰
11月24日—26日	19	工业控制	奥地利萨尔茨堡	中国	葡萄牙	韩国 瑞士 中国台北	日本 新加坡 阿联酋 奥地利
11月24日—26日	20	砌筑	奥地利萨尔茨堡	德国 中国 瑞士	空缺	空缺	法国 中国台北 丹麦 意大利南蒂罗尔 奥地利 蒙古 韩国

续表

竞赛时间	赛项编号	竞赛项目	主办城市	金牌	银牌	铜牌	优胜奖
11月24日—26日	46	混凝土建筑	奥地利萨尔茨堡	奥地利	德国	中国	法国
11月24日—26日	49	重型车辆维修	奥地利萨尔茨堡	中国	拉脱维亚	瑞士 法国 加拿大 韩国	空缺
11月24日—26日	51	货运代理	奥地利萨尔茨堡	中国	新加坡	奥地利	空缺
11月24日—26日	52	化学实验室技术	奥地利萨尔茨堡	中国	新加坡	奥地利	芬兰

［来源：世界技能大赛中国（天津）研究中心］

worldskills China

比赛精彩瞬间

COMPETITION 2022 SPECIAL EDITION

吴鸿宇

（来源：广东省机械技师学院公众号）

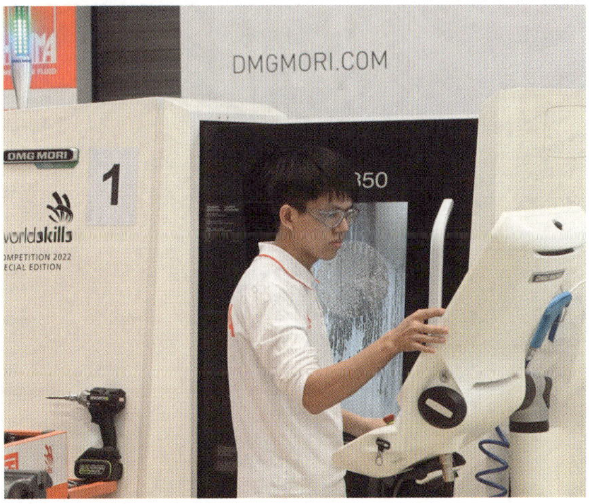

周楚杰

（来源：广东省机械技师学院公众号）

李德鑫

（来源：人力资源社会保障部）

邵茹鹏

（来源：人力资源社会保障部）

顾俊杰

（来源：上海世界技能大赛公众号）

杨书明

（来源：人力资源社会保障部）

罗凯

（来源：技能中国公众号）

陈新源

（来源：人力资源社会保障部）

李小松

（来源：人力资源社会保障部）

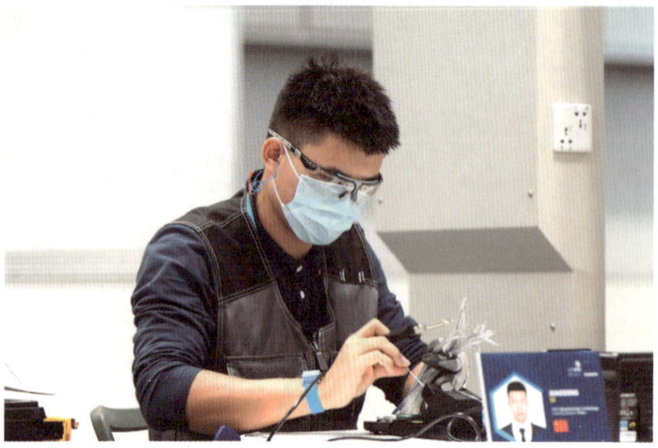

worldskills China

陈智勇

（来源：人力资源社会保障部）

刘泽龙

（来源：广东省技师学院公众号）

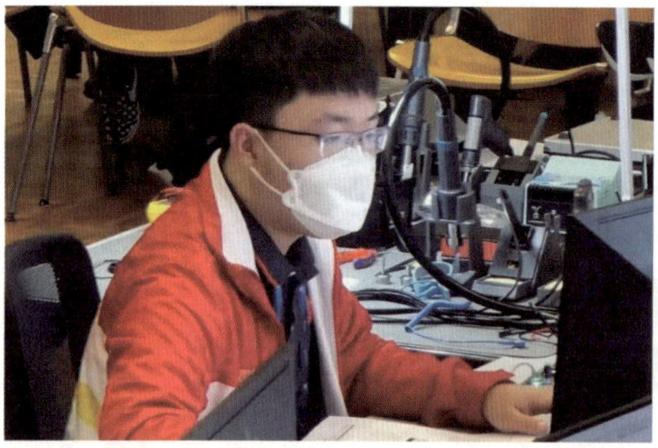

马宏达

（来源：人力资源社会保障部）

侯坤鹏
唐高远

（来源：人力资源社会保障部）

王珮

（来源：人力资源社会保障部）

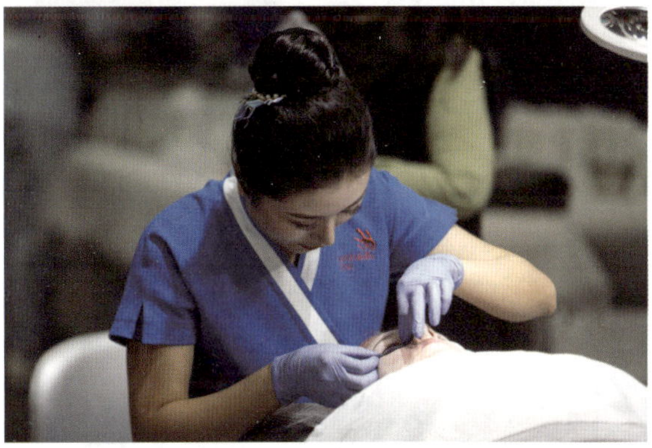

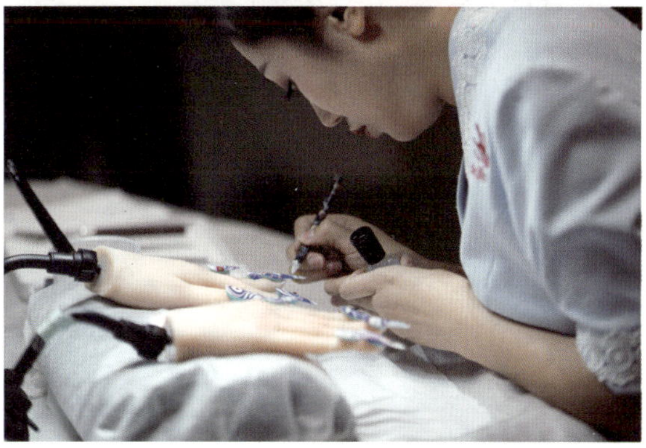

（卡勒·帕尔基宁摄）

董青

（来源：人力资源社会保障部）

朱珂

（来源：上海第二工业大学公众号）

姜雨荷

（来源：河南化工技师学院招生就业公众号）

蒋昕桦

（来源：人民网公众号）

余守安

（来源：江苏人社公众号）

伍远州

（来源：技能中国公众号）

姜昊

（来源：辽宁人社公众号）

林伟桐

（来源：人力资源社会保障部）

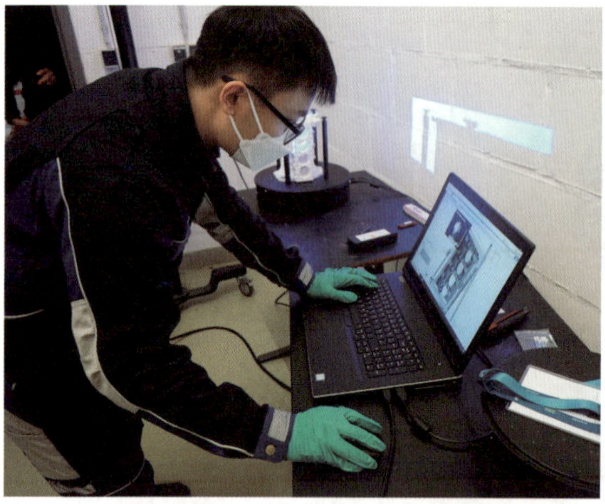

张洪豪

（来源：人力资源社会保障部）

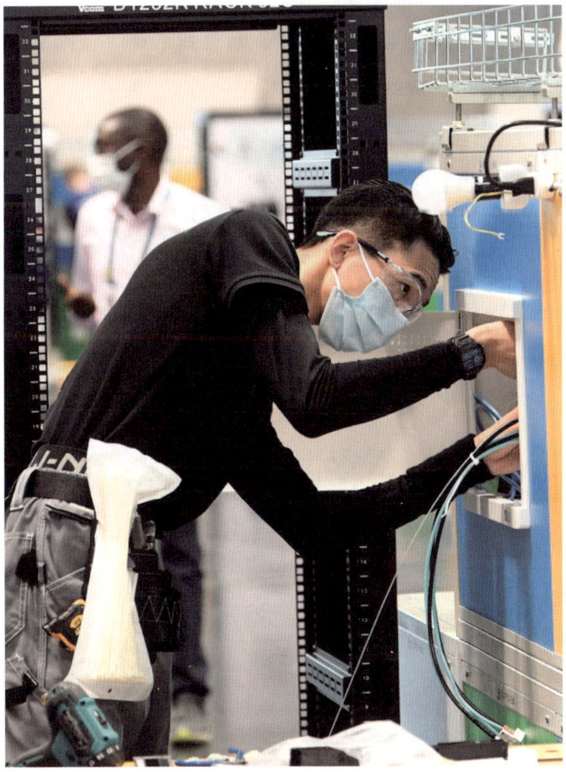

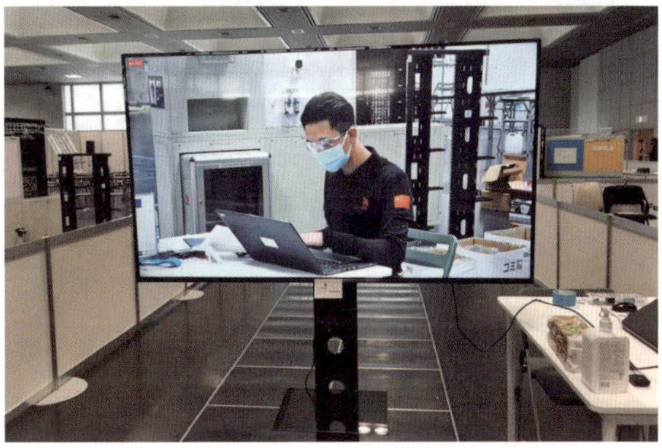

沈文青

（来源：人力资源社会保障部）

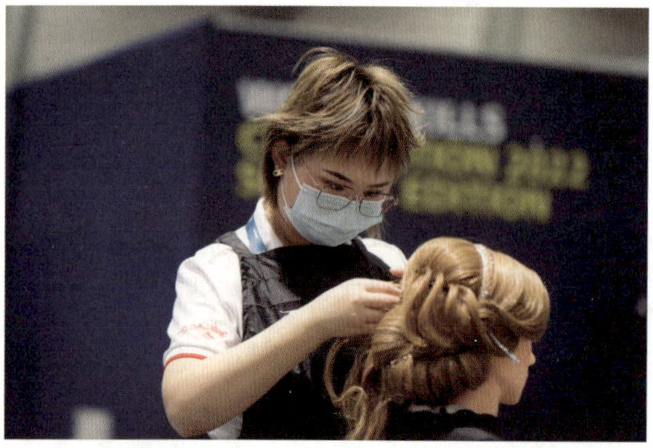

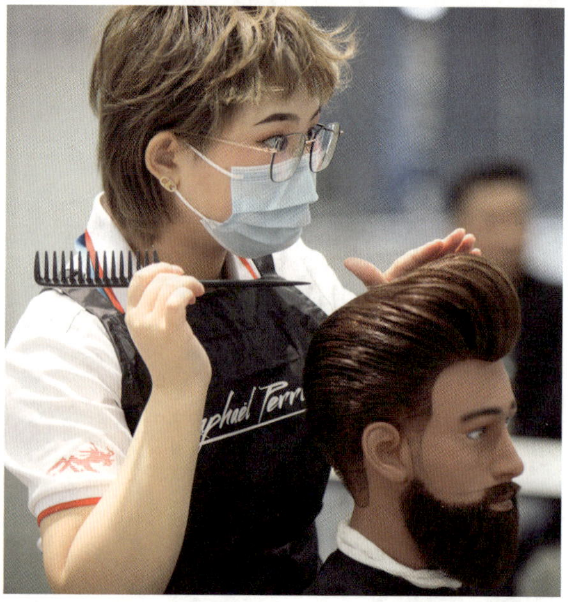

（卡勒·帕尔基宁摄）

梁俊

（来源：人力资源社会保障部）

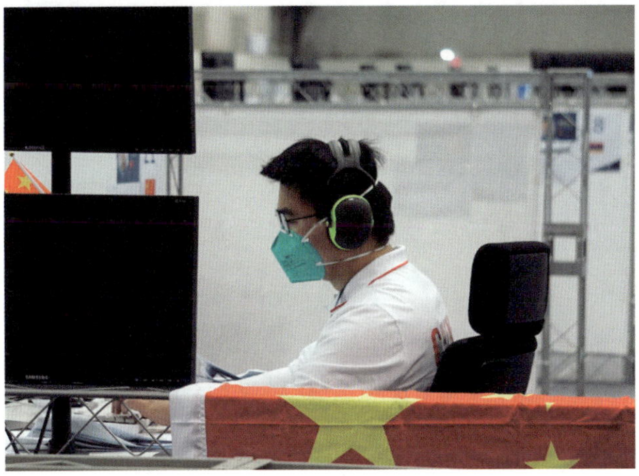

郑旭升

（来源：广州市工贸技师学院公众号）

郑旭升（左一）

吴怡欣

（来源：伴公汀公众号）

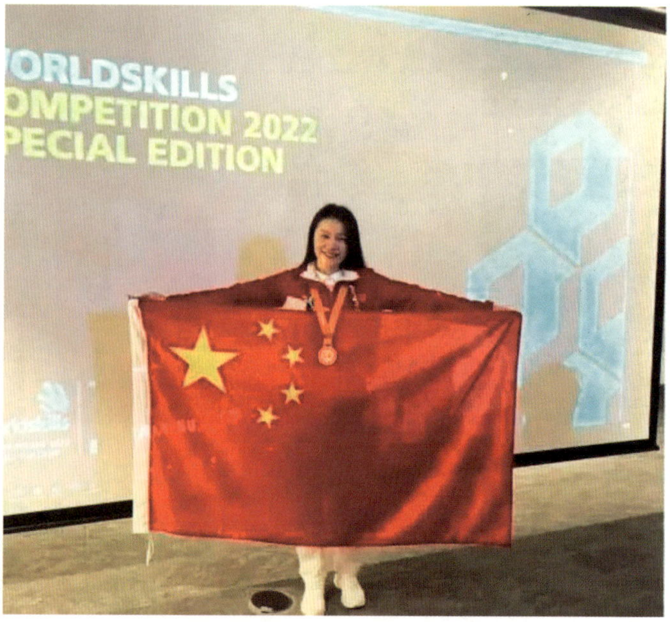

张阳光
刘锦豪

（来源：技能中国公众号）

欧阳婉青

（来源：上海技能大赛公众号）

杨灵芝

（来源：东方网）

SAMSUNG
LEVEL 1 SPONSORS
WORLDSKILLS
COMPETITION 2022
Keuda
GOLDWELL
salpaus
TAI
FESTO
SIEMENS

王旭政

（来源：新华社公众号）

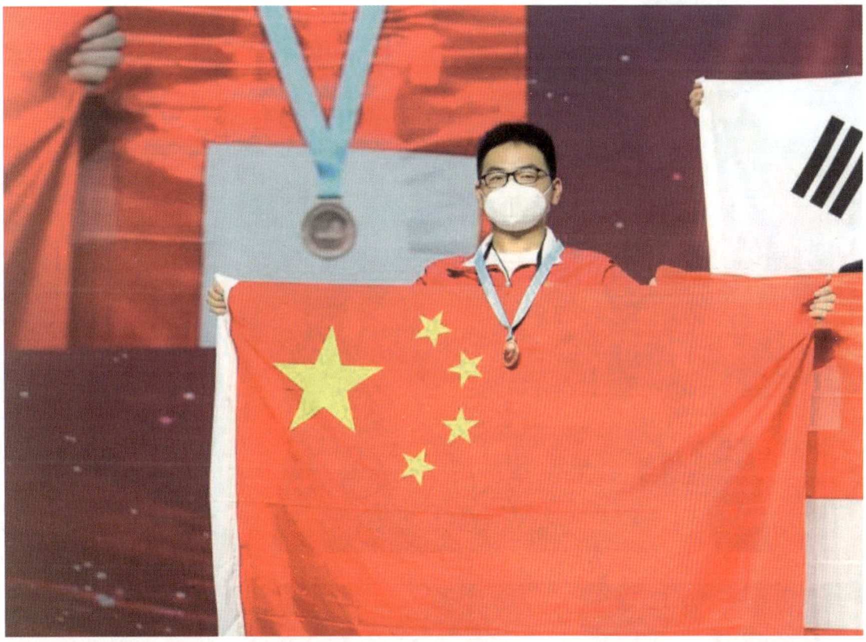

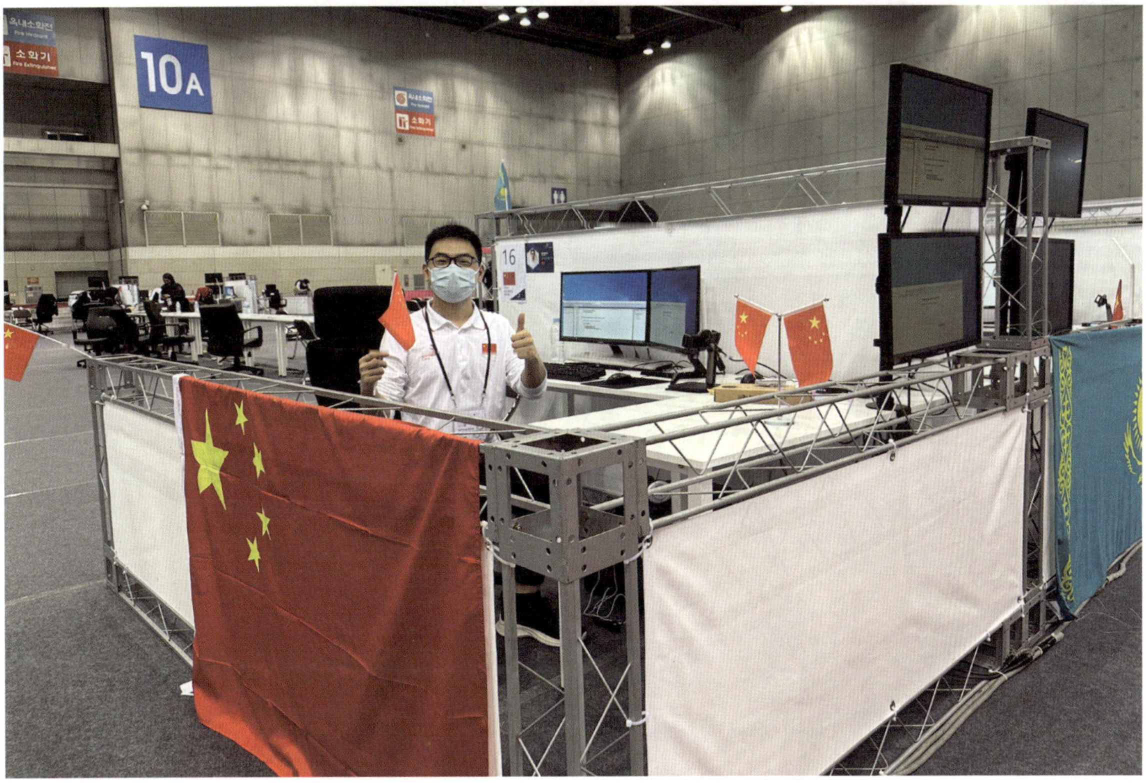

黄金强

（来源：人力资源社会保障部）

王纵横

（来源：人力资源社会保障部）

worldskills
China

大赛总结

COMPETITION 2022
SPECIAL EDITION

人力资源社会保障部召开 2022 年世界技能大赛特别赛参赛总结视频会议

为深入学习贯彻党的二十大精神和习近平总书记对技能人才工作特别是职业技能竞赛工作的重要指示精神，全面总结 2022 年世界技能大赛特别赛参赛工作，表扬肯定获奖选手和为参赛工作作出突出贡献的单位及个人，部署深入推进职业技能竞赛工作措施，2022 年 12 月 26 日，人力资源社会保障部召开 2022 年世界技能大赛特别赛参赛总结视频会议。世界技能大赛中国组委会主任、人力资源社会保障部副部长汤涛出席会议并讲话，人力资源社会保障部副部长俞家栋主持会议并宣读《人力资源社会保障部关于表扬 2022 年世界技能大赛特别赛获奖选手和为参赛工作作出突出贡献的单位及个人的决定》。根据世界技能组织统一要求，经世界技能大赛中国组委会研究，决定授予移动应用开发项目金牌选手、广州市工贸技师学院教师杨书明“国家最佳奖”。

会议指出，在党中央、国务院的高度重视和关心关怀下，各单位团结协作、积极作为，参赛选手克服困难、顽强拼搏，圆满完成参赛工作，获得 21 金 3 银 4 铜和 5 个优胜奖，金牌榜、团体总分再次位居世界第一，为祖国和人民赢得了荣誉。

会议强调，要充分发挥世界技能大赛的引领带动作用，健全完善具有中国特色的职业技能竞赛体系。坚持以赛促训，不断健全完善终身职业技能培训制度。强化世赛标准、理念对技工教育教学的引领作用。推动以赛促评，健全技能人才评价体系，畅通技能人才成长通道。要通过以赛促奖，健全技能人才表彰激励机制。

人力资源社会保障部相关单位负责同志、各省（自治区、直辖市）及新疆生产建设兵团人力资源社会保障厅（局）负责同志、2022 年世界技能大赛特别赛中国代表团全体成员以及相关人员参加会议。2022 年世界技能大赛特别赛获奖选手、专家、翻译、集训基地和地方人社部门代表分别作会议发言。

（来源：人力资源社会保障部官网）

世界技能大赛冠军代表闪耀央视兔年春晚

2023年1月21日晚，在备受亿万观众关注的中央广播电视总台《2023年春节联欢晚会》上，2位世界技能大赛冠军代表和3位大国工匠代表精彩亮相，为全国人民送上祝福，给全国人民展现不一样的技能人才风采。

春晚现场，他们是最火的“星”

当等候入场的大国工匠和世界技能大赛冠军代表遇到紧张排练的百姓歌手，候场室成了“追星现场”，南航空姐、兰州司机、西安消防、成航机长、龙江环卫、济宁矿工、幼教老师……这些来自基层一线的百姓歌手争相与大国工匠和世界技能大赛冠军合影留念。他们说，这是来春晚最想追的“星”。

马宏达

浙江建设技师学院教师，2022年世界技能大赛特别赛抹灰与隔墙系统项目金牌获得者。

2022年10月19日—22日，马宏达凭借技高一筹的出色表现，在2022年世界技能大赛特别赛中获得抹灰和隔墙系统项目金牌，实现了中国代表团在该项目上金牌零的突破。

春晚的电视直播画面里，戴着黑框眼镜的马宏达右手竖起大拇哥，左手举起胸前闪亮的金牌，笑容自信，为全国人民送上新春祝福。马宏达在接受记者采访时，直言自己能在春晚向全国人民拜年，心情非常激动。“倍感荣幸，深感自豪！几年前上技工院校，不可能会想到自己能拿下金牌，能够为国家争光，为学院争光，更不会想到会被邀请去现场观看春晚。”穿着 2022 年世界技能大赛特别赛中国代表团比赛服的马宏达说。在春晚后台，当其他演员得知马宏达就是“刮腻子世界冠军”时，争相与他合影。说到这里，马宏达笑了：“能在春晚设置的特别环节亮相，充分说明国家对技能人才的重视，特别感谢国家、学校、教练和家人的培养！”

周楚杰

广东省机械技师学院教师，2022 年世界技能大赛特别赛数控铣项目金牌获得者。

2022 年 10 月 10 日—15 日，在 2022 年世界技能大赛特别赛中周楚杰稳定发挥，获得数控铣项目金牌，助力我国在这一优势项目上成功实现“四连冠”。数控铣项目对选手的编程能力、操控能力要求极高，用周楚杰的话说，“一根头发的粗细程度是 0.082 mm，我们要加工的精度最大不超过 0.04 mm。”为了这“台上一分钟”，周楚杰从 2016 年暑假就开始了与数控设备为伴的日与夜。此次受邀参加春晚，在与大国工匠代表交流的过程中，这位技能“小匠”也更加坚定了自己努力的方向。

周楚杰对于自己能在春晚向全国人民拜年，感到十分荣幸与自豪。“青年兴则国家兴，中国发展要靠广大青年共同奋斗。”周楚杰回忆起他从各级选拔赛到全国职业技能大赛，再一步步登顶世界技能大赛的舞台，深感国家对技能人才培养的重视。展望2023，他希望自己永远保持不畏艰险、锐意进取的奋斗韧劲儿，也希望国家培养更多更好的技能人才，为高质量的中国制造提供人才保障。周楚杰说：“我将牢记习近平总书记的嘱托，厚植家国情怀，涵养进取品格，以奋斗姿态激扬青春，全身心投入技工教育事业，为社会培养更多的高素质高技能人才，不负时代，不负华年。”

本文根据以下媒体报道整理：

1.《今年春晚现场，他们成了最火的“星”》（工人日报公众号2023年1月22日）

2.《技能身影闪耀兔年春晚》（中国劳动保障报公众号2023年1月23日）

3.《2022年世界技能大赛特别赛数控铣项目金牌获得者周楚杰亮相2023央视兔年春晚》（技能中国公众号2023年1月21日）

4.《浙江世赛冠军马宏达亮相春晚》（技能中国公众号2023年1月21日）

2022 年世界技能大赛特别赛奖牌设计制作情况

2022 年 6 月 30 日，世界技能组织宣布年内将举办“2022 年世界技能大赛特别赛”（以下简称“世赛特别赛”），同时提请上海世赛主办方为世赛特别赛设计制作奖牌，人力资源社会保障部和上海市政府表态支持。

经与世界技能组织秘书处多次磋商，确定了特别赛奖牌设计式样和制作运输方案，由上海世赛执行局落实完成设计制作工作，并按要求如期运抵世赛指定地点。

特别赛奖牌直径 70 mm、厚度 5 mm，为紫铜材质镀金、银、铜，奖牌缎带正面配色为技能蓝，印有世界技能组织标识，反面配色为中国红，印有“2022 年第 46 届世界技能大赛特别赛”英文字样。

奖牌包装盒落款为世界技能组织、上海第 46 届世界技能大赛事务执行局。为保障上海世赛赞助商权益，在奖牌包装盒底部露出了工商银行、交通银行、浦发银行、上汽集团等四家“国家战略合作”级赞助商企业标识；奖牌包装盒内页则讲述了奖牌故事。内页文字如下：世界技能大赛奖牌正面中心刻有世界技能大赛标识，围绕标识的同心圆环以榫卯结构为线条。榫卯起源于鲁班锁，是一种中国传统的建筑元素，寓意中华文明薪火相传，工匠精神源远流长，象征着不断追求精湛技艺和未来发展的无限可能。奖牌背面采用赛事主题“一技之长，能动天下”的“技”字元素。“技”字为篆体，是中国最古老的字体，有4 000多年历史，左为手，右为支，含义为技能。奖牌设计理念从“手”出发，寓意着技能是推动人类文明发展的原动力，象征着世界技能组织大家庭共同携手掌握技能、改变世界、引领未来、造福人类的重要理念。

图书在版编目（CIP）数据

中国技能　再创辉煌：2022年世界技能大赛特别赛参赛工作实录 / 世界技能大赛中国组委会编撰 . -- 北京：中国劳动社会保障出版社：中国人事出版社，2023
ISBN 978-7-5167-5836-6

Ⅰ. ①中…　Ⅱ. ①世…　Ⅲ. ①职业技能 - 竞赛 - 工作概况 - 世界　Ⅳ. ① C975

中国国家版本馆 CIP 数据核字（2023）第 028971 号

策划编辑 / 施顺喆
责任编辑 / 高　媛
责任校对 / 胡志鹏
高书美
责任设计 / 王利民

中国劳动社会保障出版社
中国人事出版社 出版发行

（北京市惠新东街1号　邮政编码：100029）

*

北京市艺辉印刷有限公司印刷装订　　新华书店经销
880毫米×1230毫米　16开本　14印张　204千字
2023年2月第1版　　2023年3月第2次印刷
定价：90.00元

营销中心电话：400-606-6496
出版社网址：http://www.class.com.cn

版权专有　　侵权必究
如有印装差错，请与本社联系调换：（010）81211666
我社将与版权执法机关配合，大力打击盗印、销售和使用盗版图书活动，敬请广大读者协助举报，经查实将给予举报者奖励。
举报电话：（010）64954652